Advanced Spanish Short Stories

Advanced Spanish Short Stories

20 Spanish Stories for Advanced Learners

Acquire a Lot

San Rafael, California, USA

For rights, permissions or more information about this book please contact:

sergio@acquirealot.com

www.acquirealot.com

ISBN-13: 9798849993164

Cover design by Sro

Printed in the United States of America

To those who inspired it.

Table of Contents

Introduction

Each story in this book is written at an advanced level of Spanish so that you can test your vocabulary and at the same time learn new phrases, expressions and words. The stories are based on everyday situations, where the main characters interact with their family and friends, and each one has a beginning, a development, and a resolution.

Designed specifically for students who have relatively advanced knowledge of the language, in order to polish and improve reading comprehension and pronunciation skills.

The stories are based on topics that present an advanced level of complexity, being this a challenge for any beginner student, if you are currently at an advanced level in Spanish, but still cannot understand these stories, do not worry, it is normal that you find some trouble to clearly understand each situation or each action that the characters create in the stories.

It is recommended to start reading the stories in Spanish, but if you do not understand enough to answer the questions correctly, you can download the free PDF with the stories translated into English, available on the website (You can also consider reviewing the previous volumes of this series). If you easily understand each question and answer all of them correctly, you can move on to the next chapter, and continue until the end of the book.

This book is written as follows:

Each chapter begins with a new story, with different vocabulary at an advanced level, ideal to keep solidifying what has been learned. Each story reflects the daily life of the characters, where they are involved in a large number of everyday situations, being this an advantage to better understand each conversation or dialogue presented in the story.

Then a brief summary in Spanish and English, if any story gets difficult for you to understand, you can go directly and read the summary to better interpret the main plot, if it is still difficult for you to understand the full story, you can go ahead and download the translated stories for free, from our website and continue reading in parallel.

Finally you will have to answer 5 questions about the story, each one focused on situations where the characters are involved in the story, if you do not understand any question it is recommended to have a dictionary at hand, so you will be able to correctly understand each word.

Download the full book translated into English for Free and more fun activities to enrich your vocabulary:

www.acquirealot.com/translated-stories

▶Subscribe to our YouTube channel for more content:

www.acquirealot.com/youtube

▶For the audiobook, contact us and we will let you know where it is currently available:

sergio@acquirealot.com

Resources

Volume 1 of the Acquire Spanish series. This book uses visual teaching methods to introduce the Spanish language. It also gives beginner Spanish learners easy access to the vocabulary.

Volume 2 of the Acquire Spanish series. In the book you will find 20 stories completely in Spanish, written at an intermediate level, to continue learning the language, acquiring more vocabulary, and developing pronunciation easily.

Volume 3 of the Acquire Spanish series. This book is based on an innovative learning technique in which you will acquire grammar naturally, through a system based on easy-to-read stories. You will learn in a natural way, without memorizing any complicated rules, focusing on everyday topics from day-to-day life.

available at

Youtube: Acquire a Lot // Instagram: @acquirealot

La Familia de Natalia

Natalia decidió visitar su viejo pueblo durante sus vacaciones de invierno.

Estudiar biología la dejaba enterrada bajo una montaña de libros y la mejor manera de despejar la mente era volviendo a casa por una temporada. Allí la esperaba su padre Juan, quien de antemano le había avisado que quizás no vería mucho a su madre, Francesca, debido a que ella estaba algo ocupada esa semana. Eso no le preocupó mucho a Natalia, ya que día de por medio tenia llamadas largas con su madre para hablar de las cosas de la vida.

Al llegar, fue recibida con un fuerte abrazo y una sonrisa de parte de su padre.

Dejó sus maletas en su antigua habitación y se sorprendió por lo pequeña que era. A ella siempre le había parecido enorme cuando vivía allí.

—Te soy sincero: Por un tiempo teníamos la idea de convertir esto en un pequeño gimnasio hogareño. Pero algo nos lo impidió. Y eso que tu madre compró mancuernas y todo. De esas que se rellenan con arena. Deben estar escondidas en el ático. —le comentó su padre después de que Natalia se acostara en su cama y notara lo duro que había quedado el colchón con el paso de los años.

—A todo esto, ¿Dónde está ella?—preguntó la chica.

—Sabes cómo es tu madre. De seguro está cerrando algún trato exitoso en esa constructora donde trabaja. ¿Te contó que ella es parte del comité que va a renovar el muelle? Esa mujer es imparable.

— ¿Y tú que has hecho?

—Cuido el fuerte, por supuesto. —Juan le guiñó el ojo mientras hacía una mueca de complicidad. Disfrutaba a pleno de su retiro.

Ambos fueron hacia la cocina, donde Juan se quiso preparar un poco de té mientras Natalia reunía la fuerza necesaria para hacer una pregunta que hace tiempo rondaba en su cabeza.

— ¿Qué los llevo a adoptarme?

Sus primeras memorias involucraban a Juan y Francesca, y naturalmente ella pensó que eran sus padres biológicos hasta que ellos decidieron contarle la verdad cuando termino la secundaria.

—No fue nuestra primera opción. Pero la naturaleza no nos dejó muchas alternativas.

— ¿Y eso por qué?—preguntó Natalia.

—Una rara condición la había llevado al quirófano, donde tuvieron que extirparle el útero para salvarle la vida. Después de eso cayó en una fuerte depresión. Realmente se había concentrado en empezar una familia. Ella no habla de tu abuela por una razón: nunca se llevaron bien. No sé qué sucedió entre ellas pero se bien que puedes contar las veces que hablan en el año con una sola mano. Y esas charlas suelen ser muy volátiles, por algo no solemos visitar a tus abuelos maternos a menos que pase alguna emergencia. Inclusive, y no le cuentes a tu madre que te dije esto, creo que se odian. Odio verdadero. Algo habrá pasado que fragmentó su relación por siempre. Y creo que ella hizo de su meta no repetir los mismos errores con los hijos que ella tuviera. Por eso la operación fue como un golpe bajo para su corazón. Yo también me sentía desolado y sin saber qué hacer. Querer a un hijo no es una decisión que se toma a la ligera, es algo que te mentalizas desde un principio porque sabes que se vendrá un gran cambio en tu vida. Y que el destino te arrebate eso es...horrendo.

La tetera silbó detrás de Juan y el hombre del bigote se levantó con algo de torpeza para apagar la estufa. Natalia se levantó de su asiento y se acercó por si acaso. Las manos de su padre temblaban cada vez que debía sostener algo. Una enfermedad que gradualmente se iría empeorando con los años, pero Juan no le daba mucha importancia a eso. De todas maneras toda su vida utilizo más su voz que sus manos. Paso por el coro de la iglesia hasta los más grandes teatros de Europa. Fue en uno italiano donde conoció a Francesca y quedaron locamente enamorados. Ella en ese entonces estaba saliendo con un representante de las naciones unidas y por azares del destino termino enredada de manera emocional con un cantante de ópera.

— ¿Y si te dijera que lo he pensado y quiero conocer a mis verdaderos padres?

Juan la observo con ojos cariñosos pero a su vez escondiendo una tristeza latente detrás de su mirada.

—Si es lo que deseas, yo lo entendería. —fue su respuesta.

— ¿Estás de acuerdo con esto?—Natalia preguntó.

—El día que hicimos el papeleo sobre tu adopción hice una promesa: Que te llevaría a ver a tus verdaderos padres el día que me lo pidieras. Y aunque quizás ya no sea tan fuerte como para cargarte en mi espalda como cuando eras pequeñas, pero si tengo la fuerza suficiente para acompañarte por ese camino si es lo que deseas, mi niña.

Al día siguiente hicieron el viaje en silencio. Estuvieron en la ruta por alrededor de cuatro horas, siguiendo las indicaciones que encontraron en el internet.

Una vez allí, Natalia sintió algo de miedo al caminar hacia la casa indicada.

Natalia se detuvo ante los escalones del ostentoso hogar. Primero hizo ademán de golpear la puerta con los nudillos pero algo la detuvo. Revisó una vez más los papeles, para así ver la foto de sus padres biológicos. Para ella eran desconocidos. Gente que decidió no formar parte de su vida. Eso llenaba su corazón con muchas preguntas, dudas y algo de ira. Pero todo eso se esfumo al ver hacia atrás y notar la vieja camioneta, con su verdadero padre luchando por hacer funcionar la radio. También se puso a recordar todos los consejos que su madre adoptiva le dio durante los años, cuidándola y a su vez guiándola para que se convirtiera en una mujer de bien. Algo que su madre biológica no intento ni una sola vez.

Caminó con calma hasta el auto, sorprendiendo a su padre al entrar en silencio.

— ¿Qué paso?—preguntó Juan.

—Esta gente me olvido hace mucho tiempo. Es mi turno de hacer lo mismo. Papá, vamos a casa.

Fin de la Historia

Resumen

Natalia decide pasar unas cortas vacaciones en la casa de sus padres, donde decide por fin hacer una pregunta que la estaba carcomiendo por dentro: ¿Por qué fue adoptada? Seguida por la incógnita de sus padres biológicos. Juan, su padre adoptivo, es completamente honesto con ella. Además de que acepta llevarla al hogar de sus verdaderos padres para que por fin pueda conocerlos. Natalia, repleta de dudas y deseos, acepta la idea de ir a visitar a aquellos que la pusieron en adopción tantos años atrás. Pero al último segundo da marcha atrás con tales ideas. Aceptando la vida que le toco con la cabeza en alto.

Summary

Natalia decides to spend a short vacation at her parent's house, where she finally decides to ask a question that was eating her up inside: Why was she adopted? Followed by the unknown of her biological parents. Juan, her adoptive father, is completely honest with her. He also agrees to take her to her real parents' home so she can finally meet them. Natalia, full of doubts and desires, accepts the idea of going to visit those who put her up for adoption so many years ago. But at the last second, she backs away from such ideas. Accepting the life she has been given with her head held high.

Preguntas

1.   ¿Cuál era la meta de Francesca?

1.   Ser millonaria

2.   No cometer los mismos errores que su madre

3.   Ser una empresaria exitosa

4.   Ser una atleta olímpica

5.   Descubrir una nueva especie

2.   ¿Qué condición tenia Juan?

1.   Miopía

2.   Ceguera

3.   Cojera

4.   Manos temblorosas

5.   Mudez

3.   ¿Qué hizo Natalia al llegar a la casa de sus padres biológicos?

1.   Decidió no conocerlos

2.   Los conoció

3.   Les dio un abrazo

4.   Los invitó a comer

5.   Les arrojó piedras

4. **¿Por qué Juan y Francesca decidieron adoptar?**

1. Eran lo que querían desde un principio

2. Porque conocían a los padres de Natalia

3. Porque Francesca no podía tener hijos propios

4. Porque Juan era infértil

5. Porque querían cobrar un favor

5. **¿Qué planes tenían para el cuarto de Natalia?**

1. Lo iban a convertir en un cuarto de huéspedes

2. Lo iban a convertir en un gimnasio casero

3. Lo iban a convertir en un almacén

4. Lo iban a derribar

5. Lo iban a dejar olvidado

Respuestas

1) 2

2) 4

3) 1

4) 3

5) 2

El Encuentro de Lisandro y Kara

Lisandro trabajaba en el café Roca, de la calle Madrid al 4341.

La mayor parte de su jornada se la pasaba limpiando los pisos y las mesas, y a veces le tocaba preparar órdenes cuando sus compañeros tomaban sus respectivos descansos. Uno de ellos, Osvaldo, se había convertido en uno de sus amigos más cercanos en los seis meses que llevaba en el puesto. Ambos tenían las mismas obligaciones, pero Lisandro lo veía como una especie de mentor, gracias a todas las veces que le ayudo a entender las órdenes de los clientes más exigentes. De esa manera, Osvaldo se ganó su confianza al punto de confesarle algo que nadie más sabía.

—Conocí a alguien. —Lisandro le comentó durante la hora de descanso.

— ¿Enserio? Bien por ti. ¿De quién se trata?—preguntó Osvaldo, quien estaba limpiando el mostrador con un trapo húmedo.

—Bueno, ¿conoces la aplicación Corazón Digital?

— ¿Cómo no conocerla? Si la publicidad esta en todos lados. Cada vez que intento escuchar algo de música, sale ese anuncio animado con la chica recibiendo un flechazo de cupido. Se volvió bastante molesto. — Osvaldo era un ávido fanático del rock punk.

—Bueno, la conocí en esa aplicación.

Le contó que en la aplicación se había encontrado con una tal Kara, que estaba a dos ciudades de distancia. En su foto de perfil ella se veía como una chica de cabellos rubios y barbilla partilla, portadora de lentes y de un piercing en su nariz. Su sonrisa se quedó grabada en la mente de Lisandro desde la primera vez que la vio.

— ¿Cómo sabes que no se trata de algún desconocido usando un perfil falso? Quizás te lleve a un lugar abandonado, como un estacionamiento o quizás un parque algo desolado, y allí te robaran un grupo de ladrones a punta de cuchillo. —Una sonrisa de picardía se dibujó en los labios de Osvaldo.

—No va a suceder eso. Deja de poner ideas malas en mi cabeza, amigo. Mira, su perfil tiene una marca verde. ¿Vez? Eso significa que esta verificada. Es cuando la aplicación le pide una foto personal para corroborar tu identidad. Además, hicimos un par de llamadas para hablar de nuestro día a día. Es real, te lo juro.

—Quizás la chica sea real, ¿Pero lo serán sus intenciones? A lo mejor te pedirá verla en algún terreno baldío y allí…

— ¡Basta con eso!

Osvaldo se fue al almacén en la trastienda con una sonrisa de oreja en oreja. A Lisandro le agradaba su compañía, pero a veces se ponía tan pesado que no quedaba otra alternativa que pararle el carro para que dejara de molestar. Sin mencionar que todas esas dudas ya le habían carcomido la cabeza días antes, cuando comenzó a hablarse con aquella chica. La comodidad que brindaban las redes también traía consigo el miedo a las decepciones y el engaño. Cualquiera podía descargarse una aplicación para editar imágenes y alterar su apariencia para parecer algo que no era. El mismo Lisandro tuvo que hacerlo una vez cuando le envió a la chica una fotografía de su rostro, en la cual tuvo que editar una espinilla para que no se viera ese horrible detalle. Le apenaba tener que recurrir a algo así pero a la vez no quería que ella le viera la espinilla.

Esa misma tarde, en medio de unos mensajes hablando sobre sus bandas favoritas y los artistas que habían visto en vivo (donde Lisandro comentó que su último concierto fue uno del Zyty, el rapero), los dos establecieron verse el siguiente fin de semana. Después de algo de debate para ver quien visitaría a quien, Kara aceptó la propuesta de visitar la ciudad de Lisandro. Era porque ella tenía auto, mientras que

Lisandro tendría que conseguir pasajes de autobús si quería hacer un viaje así de extenso hacia la ciudad donde vivía su nueva amiga. Quedaron en verse en el local donde Lisandro trabajaba, así lograrían coincidir en un horario para que no sucediera ningún malentendido.

Las siguientes semanas se pasaron volando, dejando en el estómago de Lisandro un grupo de mariposas revoloteando en su interior. Cada miedo sobre un posible engaño se iba acumulando con el pasar de los días. Osvaldo no volvió a mencionar el tema pero igualmente no era necesario. Las semillas de las dudas ya habían sido plantadas en la tierra fértil de la imaginación de Lisandro. Y solo iban a terminar el día que estuviera frente a frente con Kara.

El ansiado día de la reunión llegó y las mariposas en el estómago de Lisandro se volvieron salvajes. Revoloteaban por doquier en el interior de su cuerpo, en especial cada vez que abrían la puerta de entrada del local.

Kara apareció un poco después de la hora establecida y Lisandro sintió un enorme alivio al ver que era igual a su fotografía de perfil. Solo que un poquito más rellena pero eso le daba igual.

—Tenía miedo de que seas alguien más. —le contó Lisandro cuando consiguieron un asiento privado.

Kara le contó que ella ya había pasado por una situación fea: Semanas atrás había quedado en verse con otro chico que conoció en la aplicación, uno que vivía en su misma ciudad, así que pensó que no habría ningún riesgo si se veían en una plaza. Un sitio público parecía ser el lugar más adecuado para ese tipo de encuentros. Y al final termino llevándose una decepción al ver que el muchacho era en realidad un hombre que parecía demasiado mayor para ella. Eso le dio mala espina a la chica y se fue sin siquiera saludarlo. Y no se estaba equivocando, dado que el sujeto estaba en el lugar donde específicamente establecieron que se verían: Una banca blanca bajo un roble en el parque municipal. Exactamente a las 15:30, la hora que habían fijado para su encuentro.

—Volví a casa con el estómago revuelto y borre la aplicación por un tiempo. No quería saber nada sobre las citas en línea después de algo así. Fue de lo peor. —dijo la chica.

—Pero lo hiciste. —remarcó Lisandro.

—Si...Si lo hice. Y creo que fue una buena decisión. —rastros de cariño se encontraban en su voz y la manera en la cual miraba a Lisandro era prueba suficiente de que ella también sentía mariposas en el estómago.

Fin de la Historia

Resumen

Lisandro y Kara son dos personas que se conocen por medio de una aplicación de citas en línea. Un concepto que tiene tantas ventajas como desventajas, y Osvaldo, el amigo de Lisandro, se dedica a mencionarlos frente a su colega de trabajo para que entienda que las cosas podrían salir muy mal. Por suerte, Kara resulta ser una persona honesta en su perfil.

Summary

Lisandro and Kara are two people who meet through an online dating application. A concept that has as many advantages as disadvantages, and Osvaldo, Lisandro's friend, is dedicated to mentioning them in front of his work colleague so that he understands that things could go very wrong. Luckily, Kara turns out to be an honest person in her profile.

Preguntas

1.   ¿Cómo se llamaba el rapero del último concierto al que fue Lisandro?

1.   Zyty

2.   Quique

3.   Camilo

4.   Rupert

5.   Clash

2.   ¿En qué sitio se conocieron Lisandro y Kara?

1.   Cupido Volador

2.   Cupido Nadador

3.   Cupido Saltador

4.   Corazón Digital

5.   Corazón Oficial

3.   ¿Qué borró Lisandro de una de sus fotos?

1.   Una espinilla

2.   Un diente roto

3.   Un pelo de nariz

4.   Un ojo rojo

5.   Un ojo morado

4. **¿A qué hora se suponía que Kara se vería con el otro muchacho?**

1. 13:45

2. 20:00

3. 11:30

4. 12:00

5. 15:30

5. **¿Dónde trabajaba Lisandro?**

1. Café Loca

2. Café Koca

3. Café Roca

4. Café Toca

5. Café Oca

Respuestas

1) 1

2) 4

3) 1

4) 5

5) 3

El Almuerzo de Daniela

Otra gaseosa, otra hamburguesa.

El almuerzo usual de Daniela. Hace poco había salido de clases después de una larga jornada en la universidad del Compo y su apetito se volvía salvaje después de cada clase. A su lado se encontraba su amiga Luisana, tomando el usual café descremado que solía pedir cada día de la semana alrededor de la una de la tarde. Era suficiente para calmar su estómago y despertar su cabeza después de quedar drenada por largas charlas y libros con letras diminutas.

—La comida chatarra te hará daño, amiga. Entiende. —dijo Luisana.

Ambas jóvenes se encontraban sentadas en un banco del parque. La tarde era cálida debido a que se acercaba el verano.

— ¿Crees que no lo sé? Pero es eso o morirme de hambre. Entre la renta, los gastos que hago con cada viaje que me lleva de la universidad hasta mi casa día tras día... Me quedo sin mucho dinero. Y esos lugares venden comida a precios baratos. Mi billetera no me permite mucho más. Igual es solo un pequeño desayuno y un almuerzo rápido, ¿Qué importa? Después me como una manzana y listo, un alimento balanceado. —Daniela le dio un sorbo a su café.

—Sería balanceado si comieras allí de vez en cuando, como una vez por semana, no todos los benditos días. —Respondió Luisana mientras una pareja de ancianos trotaba cerca de ellas, siguiendo el camino de baldosas, puestas en medio del parque.

—Pues lo siento pero a mí no me pagan las cosas mis padres. Tengo que buscar alternativas.

Luisana se cruzó de brazos y puso una expresión de enojo. Sentía que no era correcto que su amiga le restregara eso en la cara, más aun cuando ella misma hacía lo posible para vivir su vida por su cuenta, sin la influencia del dinero de sus padres.

—Solo intento ayudarte. —dijo Luisana, frunciendo el ceño.

— ¿Ayudarme diciendo que me tengo que morir de hambre?

Luisana abrió la boca pero enseguida la cerró. Se mordió el labio e intento pensar en alguna respuesta que pudiera entrar en la cabeza dura de su amiga. Recordaba que en la facultad de medicina había visto casos extremos de colesterol tapando arterias y creando complejidades dañinas en el cuerpo.

Además de que aquel que seguía esa dieta no obtenía los nutrientes necesarios para sentirse a pleno, algo que notaba en su amiga debido a que parecía ser más débil de lo que estaba a principios del año. Sus brazos estaban flácidos mientras que se estaba notando un poco de estómago. Diabetes, hipertensión arterial, arterosclerosis, enfermedades cerebrovasculares, patologías renales, hígado graso, e incluso cáncer, eran las secuelas más destructivas que podía traer ese tipo de hábitos alimenticios.

A decir verdad, Luisana había quedado algo impactada al ver cómo la comida podía afectar de esa manera al sistema de cada persona y se decidió a añadir más fruta a sus comidas diarias. Ahora quería ayudar a que su amiga entendiera lo mismo, quizás sin quedar tan traumada como ella lo estaba respecto al tema. Solo era necesario que ella tomara un poco de conciencia sobre lo que dejaba entrar a su cuerpo.

—Mira, conozco un mercado de vegetales donde productores agrícolas traen mercadería fresca a buenos precios. Te podría enseñar a cómo preparar una rica dieta de berenjena, tomates y brócolis. ¿Qué dices? También podríamos conseguir algunos frutos secos. Quizás pescado o incluso carnes rojas.

Daniela terminó su comida y por un momento se quedó viendo a un grupo de chicos que jugaban a lanzarse el disco mientras un perro diminuto los seguía con sus patitas.

— ¿Cuándo nos conocimos?

—En último año de secundaria, ¿Por qué?—respondió Luisana.

— ¿Sabes que solía hacer en los años anteriores? Matarme de hambre. —Daniela le dio una sonrisa hueca a su amiga. —Pensaba que siempre estaba muy por encima de mi peso cuando en realidad estaba llegando a los huesos. Hasta que un día tuve un problema médico respecto a eso. Ese día desperté y decidí que comería lo que quisiera, sin miedo a que me juzguen. Creía que lo hacía bien pero resulta que pase de un problema a otro. —Se quedó viendo la pequeña caja de cartón que solía contener su hamburguesa.

—Se puede arreglar.

—Lo sé. —Daniela asintió lentamente. Hubo una época donde algo así la haría llorar, debido a que se sentiría como una torpe al haber caído con facilidad en la trampa de la comida rápida. Ahora era más sabia y capaz de darse cuenta de sus errores. Además de que la paranoia de su amiga le ayudaba a abrir los ojos.

— ¿Segura que no me quedare sin dinero acompañándote a ese mercado vegano del que hablas?

Luisana se rio ante la pregunta de su amiga.

—Te ayudare a pagarlo. ¿Trato?

Al día siguiente, Daniela fue con su amiga al mercado del que tanto le había hablado en vez de volver a comprarse una hamburguesa llena de grasa. Allí recorrieron los puestos ambulantes, buscando los mejores precios junto con los vegetales más sanos y las frutas más frescas. Daniela también había hecho el esfuerzo para buscar en la red las mejores recetas que podía preparar con las pocas habilidades que tenía, algo en lo que se decidió mejorar al anotarse a clases de cocina. Aprender a preparar su propio almuerzo. Decisiones que a veces le costaba seguir, debido a que la voz en su cabeza y la sensación en su estómago le decían que era mejor pasar por el local de comida rápida que solía visitar y comprar un mega combo.

Pero algo le detenía. Una memoria que se cernía como una nube negra sobre su cabeza, dispuesta a darle la lluvia que lograba detener los pensamientos que le decían que se rindiera con sus hábitos saludables.

Su madre había fallecido de un infarto mientras ella estaba en primero de la secundaria, una experiencia que le dejo cicatrices difíciles de curar. Dando inicio a sus problemas de alimentación y de peso.

Problemas que ella estaba dispuesta a dejar en el pasado.

Fin de la Historia

Resumen

Daniela es una chica con pésimos hábitos alimentarios, nutriéndose de la comida rápida que consigue a precios baratos porque su dinero no le alcanza para mucho más. Luisana, su amiga, quedo con severos miedos respecto a la nutrición y la pésima alimentación al estudiar sobre el cuerpo humano. Por eso le indica, de manera muy directa, que debería cambiar sus hábitos y que ella está dispuesta enseñarle lugares donde podría conseguir buena comida. Daniela le revela que hace tiempo que ha estado lidiando con problemas alimenticios y que quizás su amiga tenga razón. Por lo cual ella hace el esfuerzo para seguir una mejor dieta.

Summary

Daniela is a girl with lousy eating habits, feeding on fast food that she gets at cheap prices because her money is not enough for much else. Luisana, her friend, was left with severe fears about nutrition and bad eating habits when she studied about the human body. That is why she tells her, in a very direct way, that she should change her habits and that she is willing to show her places where she could get good food. Daniela reveals to him that she has been dealing with eating problems for some time and that maybe her friend is right. So she makes the effort to follow a better diet.

Preguntas

1. ¿Dónde estudiaba Luisana?

1. Universidad del Pongo

2. Universidad del Compo

3. Universidad del Campo

4. Universidad del Monte

5. Universidad del Norte

2. ¿A dónde quería llevar Luisana a su amiga?

1. A un mercado de electrónicos

2. A un mercado de productos de belleza

3. A un mercado de vegetales

4. A un mercado de segunda mano

5. A un supermercado

3. ¿Qué le propuso Luisana a Daniela?

1. Ayudarle a pagar sus compras en el mercado

2. Ayudarle con sus tareas

3. Ayudarle con su auto

4. Ayudarle con sus padres

5. No le propuso nada.

4. ¿Por qué Daniela se la pasaba comiendo comida rápida?

1.   Porque un amigo trabajaba allí
2.   Porque era el local de su familia
3.   Por problemas monetarios
4.   Porque le quedaba cerca de su casa
5.   Porque le gustaba el sabor

5. ¿A qué hora Luisana tomaba su café?

1.   A la una de la tarde
2.   A las dos de la tarde
3.   A las tres de la tarde
4.   A las siete de la noche
5.   A las doce a la noche

Respuestas

1) 2
2) 3
3) 1
4) 3
5) 1

El Cambio de Patricia

Era el final de una faceta en su vida.

Patricia lo sentía así al estar en medio de su viejo apartamento por última vez. Los muebles ya estaban en el camión de mudanza, casi todos sus objetos de valor estaban en un pequeño cofre en el auto. El resto lo había vendido por internet a precios baratos, para así deshacerse rápidamente de todo, o se los regalo a sus amigos de confianza. Más uno tuvo su mirada fija en el viejo reloj de pared que ella había heredado de su abuela. Ella nunca tuvo cariño por la antigua reliquia así que le fue fácil decirle adiós y a la vez conseguir algo de dinero extra. Pero no el suficiente para costearse una nueva casa.

Por eso Sheila, su amiga que estaba ayudándola con la mudanza, hizo la pregunta del millón:

— ¿Cómo fue que conseguiste el dinero para por fin conseguirte un hogar como la gente?

Y la respuesta era sencilla.

Vendió la vieja colección de discos que había heredado de su madre Analía. Ambas tenían gustos distintos. Analía era una fanática empedernida de los Bichos y el loco de Zadid Cowie. Se había hecho una buena colección de sus álbumes con los años y en una movida demencial decidió regalárselos todos a su hija cuando ella se mudó a Europa.

A Patricia le costó aceptar el regalo.

Después de todo ella sabía el amor y cariño que su madre le tenía al rock antiguo, mientras que ella siempre fue más de la música clásica desde que tomó su primera clase de ballet y quedo atrapada por las suaves sinfonías dirigidas por Nozart, Dandalion y otros compositores del siglo pasado. Pero su madre insistió en que ella los tuviera. La revolución de la música digital la había enloquecido, le encantaba poder tener miles de canciones a mano en su celular, por lo cual ya no le veía mucho sentido tener esos discos gigantescos juntando polvo. Le llamo un adelanto de su herencia y le dijo a Patricia que los usara para cumplir con sus metas. Una de ellas siendo la oportunidad de dejar su pequeño apartamento para por fin mudarse a una casa.

Tampoco era una mansión pero sí pudo costearse un pequeño terreno en un barrio tranquilo. Dos habitaciones, un baño, una pequeña cocina y el espacio suficiente para una sala de estar. Para algunos eso sonaría a miseria pero Patricia lo vio cómo su oportunidad para tener su primer castillo y gobernar como reina. Sin caseros molestos, sin vecinos en pisos aledaños gritando a altas horas de la noche.

Su propio rincón del mundo donde ella podría instalar su estudio personal y pintar hasta que su corazón se hartara de la paleta de colores. Eso se había convertido en su nueva manera de lidiar con el estrés de la oficina. Patricia era la jefa en ventas de una distribuidora de papel. Un trabajo que quizás le servía para sobrevivir y darse sus lujos pero que mataba su impulso creativo al estar sentada por largas horas, en especial los días lentos donde nada parecía ocurrir y se sentía como si alguien hubiera congelado todos los relojes a su alrededor.

Primero intentó quitarse el estrés yendo al gimnasio, algo que solo sirvió temporalmente hasta que se hartó de las caminadoras, las mancuernas y volvió a caer en el vacío del aburrimiento diario. Un nuevo rayo de sol cayó sobre su cabeza el día que su amiga Marcela le comentó que estaba leyendo un libro titulado "Como pintar si nunca has pintado" y se lo recomendó encarecidamente. Se lo vendió como si se tratara de un libro de autoayuda, algo que en un principio no convenció del todo a Patricia, hasta que decidió darle una oportunidad y todo su mundo tuvo un vuelco. Ahora era de suma importancia guardar bien su equipo de arte: Pinceles, lienzos blancos, sus obras en progreso y las que logro finalizar.

Todo lo envolvió con cuidado y puso en cajas que llevaría ella misma en su auto. No confiaba en su totalidad en que los hombres de la mudanza hicieran un buen trabajo con sus logros personales.

Sentía mucho cariño por El Payaso Limpin como para dejar que alguien más pusiera sus manos sobre ese cuadro. También adoraba La Noche de Los Espejos Cayendo, y se negó a intentar venderlo cuando uno de sus amigos se lo recomendó debido a la manera exquisita con la cual había retratado un panorama de ensueño. Se sentía orgullosa de recibir halagos pero sentía que venderlos seria como arrancarse una parte de su ser. Así que tomo la decisión de colgarlos alrededor de su nuevo hogar una vez que la mudanza estuvo completa.

Terminando su nuevo santuario de manera que la inspiración fluyera con más comodidad a la hora de crear nuevas obras de arte. Todo el proceso de la mudanza fue más rápido de lo que ella pensó. Sucedió durante un feriado, por lo cual las calles del centro no estaban tan atestadas de gente como solían estarlo.

El equipo que contrato para la mudanza bajo cada mueble en tan solo algunas horas y ayudaron a acomodar todo por mera cortesía antes de irse. Patricia reviso las cajas una vez que estuvo a solas y para desgracia se encontró con que una de sus lámparas se había roto durante el viaje. Un hecho que la hizo sentir agradecida de haber llevado sus cuadros por su cuenta, en caso de que algo así pudiera haberles sucedido a ellos.

Una vez que todo su estudio personal preparado, junto con el resto de sus cosas en su lugar luego de un largo proceso de acomodamiento, Patricia decidió empezar la nueva etapa de su vida con una pintura. Una que representaba a su madre escuchando sus viejos álbumes en medio de un arcoíris de colores. Un tributo a la mujer que la ayudo a cumplir con su meta de tener un mejor hogar. Y una vez terminado, a su madre le encantó tanto que lo colgó en su pared.

Fin de la Historia

Resumen

Patricia estuvo viviendo en un apartamento pequeño, donde sentía que su sentido del arte no podría florecer y por mucho tiempo estuvo deseando conseguir un mejor hogar. Esa oportunidad se dio cuando su propia madre le regalo una colección de discos de altísimo valor para por ayudarle a costear un nuevo hogar. Ella sabía que a su hija no le gustaba ese tipo de música así que le recomendó venderlos enseguida para conseguirse una casa. Una que le serviría a la perfección a la hora de pintar cuadros cada vez que el estrés de su trabajo fuera demasiado para sus hombros.

Summary

Patricia had been living in a small apartment, where she felt her sense of art could not flourish, and for a long time, she longed for a better home. That opportunity came when her mother gave her a priceless record collection to help her afford a new home. She knew that her daughter didn't like that kind of music so she recommended that she sell them right away to get a house. One that would be perfect for her to paint pictures whenever the stress of her work was too much for her shoulders.

Preguntas

1. **¿Cómo Patricia lograba lidiar con el estrés de su trabajo?**

1. Cantando

2. Bailando

3. Pintando

4. Cocinando

5. Bordando

2. **¿Qué artista estaba en la colección de discos de su madre?**

1. Los Panteros

2. Zadid Cowie

3. Michael Blackson

4. Los Venenos

5. Las Tentaciones

3. **¿Qué pintura adoraba Patricia?**

1. Los Espejos Cayendo

2. Los Espejos Volando

3. Los Espejos Rotos

4. Los Espejos Azules

5. Los Espejos Dorados

4. ¿Cómo se llamaba la amiga de Patricia?

1. Micaela

2. Petra

3. Paige

4. Zoe

5. Sheila

5. ¿A dónde se mudó Analía?

1. África

2. Sudamérica

3. Antártica

4. Europa

5. Asia

Respuestas

1) 3

2) 2

3) 1

4) 5

5) 4

El Encuentro de Reyes

Ambos llegaron a la hora pactada.

Tres de la tarde, ni un minuto menos y ni un minuto más.

Juan Carlos llegaba en bicicleta, un ejercicio recomendado por su médico para combatir el colesterol. Mientras que a Lucas lo había traído su hijo en su camioneta. Su rodilla izquierda ya no era lo suficientemente fuerte como para soportar toda una caminata desde su casa hasta el parque, lo que vendrían a ser unas quince calles debido a que Lucas vivía en el centro y el parque estaba en la esquina suroeste de la ciudad.

— ¿Trajiste lo importante?—preguntó Juan Carlos.

—Y lo pienso seguir haciendo hasta que me muera, viejo y arrugado. —respondió Lucas con una jocosa risa. Revisó su mochila con manos temblorosas y sacó la caja de madera conteniendo un juego de ajedrez.

Las partidas tenían lugar cada fin de semana en el mismo banquillo en el parque. Veinte años y Lucas nunca se olvidó de llevar las piezas de madera en su mochila, junto con un tablero plegable. El campo de batalla de incontables encuentros. Cada vez que se veían, era indispensable llevar los ejércitos de colores blancos y negros. Inclusive tuvieron un par de partidas durante el parto de la nieta de Juan Carlos. El feliz futuro abuelo se llevó la delantera en el marcador con tres victorias consecutivas. Y jamás puso en duda la noción de que su amigo lo hubiera dejado ganar. Cosa que era verdad. Lucas le regaló algunas victorias para celebrar el crecimiento de la familia de su mejor amigo. Un gesto que Juan Carlos aceptó con una sonrisa, algo que era un claro ejemplo de la evolución que tuvo el sentido de competitividad que existía entre ambos.

Su rivalidad comenzó durante el primer año de secundaria donde sus caminos se cruzaron gracias al amor por el juego. Juan Carlos pasaba los recreos desafiando a sus compañeros a encuentros casuales de ajedrez, los cuales escalaban al punto de tener dinero en juego. Monedas que terminaban dentro de los bolsillos del joven campeón del barrio. Y su racha de victorias existió hasta el final del primer trimestre, cuando un nuevo chico apareció en el curso. Un extranjero que se había mudado al distrito hace poco. Su acento español causó burlas de sus compañeros y los primeros recreos los paso en soledad, hasta que un día se acercó a la mesa de Juan Carlos y lo reto a una contienda de ajedrez. El joven campeón aceptó con una sonrisa, creyendo que conseguiría algunas monedas extranjeras para añadirlas a su colección.

Para su sorpresa, ese día recibió una increíble paliza frente a sus amigos. Perdió tres juegos en tiempo récord, cayendo ante tácticas que en su corta vida había visto.

Ese día nació una rivalidad que duraría más que todas las otras amistades que Juan Carlos tuvo en su vida. El extranjero llamado Lucas se convirtió en su rival más acérrimo, que lo impulsaba a estudiar tácticas profesionales para poder responder a las estrategias ofensivas que el español usaba para derribar sus defensas y derrocar a su rey.

Sus partidas se volvieron menos frecuentes cuando Lucas fue a la universidad para estudiar arquitectura mientras que Juan Carlos seguía el negocio familiar de la carpintería, aprendiendo el arte de transformar troncos en bellos muebles con suficiente paciencia y habilidad. Aun así se esforzaban para tener por lo menos una partida a la semana, reuniéndose en la propiedad privada de la familia de Lucas, donde tenían un extenso patio para usar como el santuario privado de sus guerras en miniatura. Otras veces jugaban en el taller del padre de Juan Carlos, durante la hora de descanso que tenía el joven entre los trabajos que se le encomendaban.

Más de una persona les dijo que estaban demasiado enfrascados en ese pasatiempo, que casi rozaba la obsesión, pero ambos lo veían como su manera de tener algo de diversión en medio de tantas responsabilidades. Tanto Lucas como Juan Carlos participaron un par de veces en torneos nacionales, casi llegando a fases de alto nivel. Pero la competencia personal no presentaba el mismo nivel de entretenimiento que traía combatir con su mejor amigo. Los trofeos y las medallas no podían reemplazar las buenas conversaciones que solían tener en medio de las partidas.

Conversaciones que llegaron a un final abrupto el día que Lucas le contó a su amigo que tomaría unas vacaciones en su vieja patria. Él se había puesto en contacto con una antigua amiga suya y creía que era hora de seguir a su corazón para intentar descubrir que era lo que la vida le deparaba. Juan Carlos le aconsejo seguir su instinto en medio de la que fue su última partida de ajedrez por al menos diez años. Lucas estaba en lo correcto, en su antiguo hogar había reencendido una vieja flama que creyó apagaba por siempre. Allí se encontró con Marisa y al poco tiempo quedaron enredados por el hechizo del amor. Lucas se quedó a vivir con ella durante su época de joven adulto, pocas veces teniendo la oportunidad para responder la correspondencia que le dejaba Juan Carlos. Intentaron jugar ajedrez por correo pero simplemente no era lo mismo, razón por la cual abandonaron esa idea después de tan solo algunas semanas.

Los años pasaron y Juan Carlos volvió a ser un jugador solitario, esta vez sentándose en una banca del parque para jugar contra quien deseara medir sus habilidades contra él. Demolía a sus rivales con facilidad y eso le traía un cierto aburrimiento que crecía con el pasar del tiempo. El ajedrez dejaba de divertirle, tanto que por un momento se propuso hacer algo mejor con su tiempo libre. Todo dependía del último rival que decidiera darle pelea una tarde de domingo.

— ¿Jugamos?—dijo una voz familiar, tomando asiento frente a Juan Carlos. Tenía más canas y arrugas, pero definitivamente se trataba de su viejo amigo. Ese día se encendió una luz en los ojos del viejo jugador al ver la sonrisa de Lucas una vez más.

Fin de la Historia

Resumen

Juan Carlos fue un prodigio del ajedrez que en la escuela no tenía rival que le supere. Hasta que un día, un chico extranjero que había llegado a su clase decidió retarlo a una partida, lo cual comenzó una amistad que se fortalecería con el paso del tiempo. Inclusive aun después de pasar años separados cuando Lucas decidió irse a España a volver a ver a su primer amor. Juan Carlos pensó que se había apagado su pasión por el juego hasta que el regreso de su mejor amigo avivó el fuego de la competitividad en el corazón de ambos.

Summary

Juan Carlos was a chess prodigy who at school had no rival to surpass him. Until one day, a foreign boy who had come to his class decided to challenge him to a game, which started a friendship that would grow stronger over time. Even after spending years apart, Lucas decided to go to Spain to see his first love again. Juan Carlos thought that his passion for the game had been extinguished until the return of his best friend rekindled the fire of competitiveness in both of their hearts.

Preguntas

1. ¿Dónde estaba el parque de la ciudad?

1. En la esquina noroeste.

2. En la esquina suroeste

3. En la esquina noreste

4. En la esquina sureste

5. No había ningún parque

2. ¿Dónde se conocieron Juan Carlos y Lucas?

1. En quinto de primaria

2. En el último año de la universidad

3. En el tercer año de secundaria

4. En el primer año de secundaria

5. En el segundo año de primaria

3. ¿Cómo se llamaba la novia de Lucas?

1. Clarisa

2. Tania

3. Lurdes

4. Patricia

5. Marisa

4. **¿Cuántas veces Lucas le ganó a Juan Carlos la primera vez que jugaron?**

1. Una vez
2. Dos veces
3. Tres veces
4. No le pudo ganar ni una vez
5. Empataron todas las veces

5. **¿Qué día era cuando volvieron a verse los amigos después de tantos años?**

1. Lunes
2. Miércoles
3. Viernes
4. Sábado
5. Domingo

Respuestas

1) 2
2) 4
3) 5
4) 3
5) 5

La Salvadora del Bosque

Mónica y Alfredo se reunieron para cenar, como hacían todos los días, alrededor de las nueve de la noche.

En esta ocasión, Alfredo le había comprado un poco de estofado a la señora de la casa de al lado que a veces cocinaba más porciones de las que podrían comer en su familia, y por eso las terminaba vendiendo entre sus vecinos. Se lo iba a comentar a su hermana cuando se dio cuenta de algo.

— ¿Ahora que paso?—preguntó Alfredo.

—Nada.

Alfredo se le quedó mirando. La cabeza de su hermana estaba cubierta con un rudimentario vendaje y aun así ella actuaba como si nada.

—Veo un poco de sangre en esas vendas, ¿Otra vez se tiraron piedras?

—Son cosas que pasan cuando intentas salvar al mundo.

Mónica era la líder del grupo Revolución Verde, quienes se encargaban de proteger uno de los pocos sectores en la región de Lavencia que todavía sostenía un santuario natural: El bosque de Iñarritu. Lamentablemente, esa zona había sido reducida a sólo una fracción de lo que solía ser, debido al avance de las compañías dedicadas a talar árboles para conseguir materias primas. Cada año se perdía aproximadamente un 3% del territorio nacional que solía ocupar el bosque, lo cual ponía en peligro ese monumento natural.

El grupo de Revolución Verde peleaba una guerra en dos frentes:

Primero en la municipalidad de San Reten, donde buscaban maneras legales de detener el avance de la maquinaria en suelo que debía considerarse como patrimonio de la nación. Mientras que también se dedicaban a interrumpir las operaciones de quienes intentaban sacar provecho mientras la ley se tomaba su tiempo en aceptar sus quejas. Los altercados entre los Verdes y los trabajadores solían terminar pacíficamente, con el segundo bando retirando sus máquinas hasta nuevo aviso.

Pero hubo ocasiones donde el griterío se convirtió en una lluvia de piedras, causando más de una herida en ambos lados del conflicto. Una vez, a Mónica le dieron un piedrazo en la frente con tanta fuerza que le corto la mitad de la ceja izquierda. Pero eso no la detuvo y continuó con sus actividades a los pocos días. Al ser la cabeza del grupo, no tenía que mostrarse débil ante las adversidades que se presentaban, cada vez con más fuerza. Varias compañías tenían como objetivo edificar en ese pequeño paraíso terrenal, algunos lo querían convertir en un resort vacacional mientras que otros directamente pondrían fábricas sobre la hermosura de la madre naturaleza. Algo que Mónica y su gente no dejarían que sucediera hasta dar su último aliento.

— ¿No crees que es algo peligroso?—le preguntó su hermano mientras juntaba la mesa después de la cena. Alfredo prefería vivir solo pero una condición médica lo había dejado en silla de ruedas, por lo cual su familia decidió que sería mejor que él viviera con su hermana.

—Te preocupas demasiado. Además, es necesario pelear contra esos abusones que intentan matar el planeta para llenar sus gordas billeteras. Imagina si algún día terminan talando todos los arboles debido a sus ambiciones desmesuradas. ¿Sabes cuánto daño le haría al medio ambiente? Sin mencionar el incremento de temperatura que podría causar algo así. A mí solo me importa el futuro de los que vengan después de mí. ¿A ti no?

—Claro que me importa, hermanita. Pero ya van dos veces que vuelves a casa con una lesión en la cabeza. ¿Y si a la tercera sucede algo grave? ¿Cómo se lo explicaría a nuestros padres?

—Le dices que caí en la línea del deber. —Mónica sacó la lengua en señal de rebeldía.

—Claro, como si mamá fuera a aceptar ese razonamiento. Le digo eso y ella te colgaría de cabeza en la ventana del hospital.

La furia de su madre era una fuerza de la naturaleza en sí, y pensar en eso causo que ambos hermanos rieran por un rato.

Al día siguiente, Mónica, contra los deseos de su hermano, fue a la siguiente reunión de los Revolucionarios Verdes. Quienes se convocaban en secreto en un pequeño local abandonado en el centro de la ciudad. En un principio solían tener unas oficinas cerca de la carretera principal, pero fueron desalojados cuando unos empresarios usaron tácticas sucias para quitarles su primera sede. Ese fue un golpe demasiado bajo, por lo cual los Verdes se vengaron poniéndole azúcar a los tanques de combustibles de las maquinas dejadas en espera cerca del bosque Iñarritu, cumpliendo la promesa del ojo por ojo. Después de ese evento, Benjamín, uno de los miembros más viejos del grupo, les consiguió las llaves de lo que antes fue un local de renta de películas. El cual transformaron en secreto en su nuevo escondite, donde guardaban los archivos y el papeleo que consiguieron en base a los tratos sucios que se habían realizado respecto a la propiedad del bosque y los derechos de tala.

Ese día, después del segundo altercado violento en el cual Mónica y varios más salieron heridos, se dio una reunión importante sobre el futuro de su agrupación.

—Creo que deberíamos rendirnos. —Dijo Benjamín, ganándose miradas de odio de varios de sus compañeros. —Ayer la cosa sí que se puso horrenda. Mi primo sigue en el hospital después de que le dieron en la pierna con una pieza de escombros. Podemos tomar acciones legales, lo sé. ¿Pero de que servirían? Nos darían un miserable cheque y después continuarían con sus operaciones hasta aplastarnos como bichos.

Varios de sus compañeros expresaron estar de acuerdo con las palabras de Benjamín. Los heridos de la última batalla habían superado los límites y la moral estaba por los suelos debido a eso.

Pero Mónica sentía que no era lo correcto tirarse hacia atrás.

— ¿Y luego qué? ¿Vamos a dejar que destruyan el bosque? Ese lugar es patrimonio de nuestra gente. Nuestros abuelos jugaron allí. Los abuelos de nuestros abuelos también disfrutaron de ese hermoso bosque. ¿Y ahora nuestros nietos no podrán tener el mismo derecho solo porque unos codiciosos empresarios y sus caprichos? ¡Yo digo que no!

Un coro de voces se le unió, mandando un mensaje fuerte y claro:

Protegeremos nuestro santuario, cueste lo que cueste.

Fin de la Historia

Resumen

El grupo de los Revolucionarios Verdes fue fundado por Mónica para proteger al bosque Iñarritu de las empresas que amenazaban talarlo en su totalidad. Lo cual ha llevado a varios enfrentamientos entre los protectores del medio ambiente y los trabajadores decididos a destrozar ese hermoso santuario. El más reciente enfrentamiento deja al grupo de los Verdes con varias bajas, lo cual resulta en dudas e inclusive la idea de rendirse. Pero Mónica les levanta el espíritu, recordándoles que están luchando para dejarle un mundo más saludable a las siguientes generaciones.

Summary

The Green Revolutionaries group was founded by Monica to protect the Iñarritu forest from companies threatening to cut down the entire forest. This has led to several confrontations between the environmental protectors and the workers determined to destroy this beautiful sanctuary. The most recent confrontation leaves the Green group with several casualties, resulting in doubts and even the idea of surrendering. But Monica lifts their spirits, reminding them that they are fighting to leave a healthier world for the next generation.

Preguntas

1.   ¿Cómo se llama la región donde viven Mónica y su hermano?

1.   Mendoza

2.   Lavencia

3.   Santa Paula

4.   Montevideo

5.   Tijuana

2.   ¿Cuántas veces Mónica resulto herida protegiendo el bosque de Iñarritu?

1.   Dos veces

2.   Tres veces

3.   Cuatro veces

4.   Cinco veces

5.   Nunca

3.   ¿Qué sitio utilizaban los Revolucionarios como nueva sede?

1.   Un edificio de oficinas

2.   Una caseta de peaje

3.   Un restaurante

4.   Un almacén

5.   Un local de renta de películas

4. ¿Cómo se llama el hermano de Mónica?

1. Pablo
2. Bernard
3. Benjamín
4. Alfredo
5. Bruce

5. ¿Cuál era el plan de Mónica?

1. Talar el bosque
2. Construir un resort sobre el bosque
3. Plantar otro bosque
4. Salvar el bosque
5. Irse del bosque

Respuestas

1) 2
2) 1
3) 5
4) 4
5) 4

La Actualización de Kate

Era domingo y eso solo significaba una cosa.

Kate se había acostumbrado a sentarse de 16:30 a 18:30 para ver la función doble de sus dos telenovelas favoritas: Amor en el Nilo y La Doctora Shamir. La primera seguía las aventuras de una pareja y su negocio de botes en el rio Nilo antes de la primera guerra mundial. La segunda poseía una trama más moderna, contando el día a día de una doctora ciega que salvaba vidas en un hospital de bajos recursos en medio de una zona de guerra. Llevaba tres meses viendo la primera y cuatro semanas viendo a La Doctora Shamir después de que la novela turca que estaba antes terminara luego de setenta extensos episodios. A veces se preparaba algo de té con galletas saladas, o un poco de pan tostado con manteca, para tener algo que comer mientras veía sus shows. Una rutina que le encantaba continuar aunque tuviera visitas ese día. Ya que entonces ellos tendrían que ver los shows junto a ella.

Esta vez se preparó un poco de té verde con unas galletas con crema, se aseguró que no tuviera mensajes sin leer en su celular, cerró con llave la puerta de entrada y se dirigió a la sala para completar su ritual dominguero.

Solo que estaba vez el televisor no quería encender.

Permanecía en una negrura total, mostrando el reflejo de la sala de estar de Kate.

Primero reemplazó las baterías del control remoto, algo que no funciono. Después se aseguró que el televisor estuviera enchufado, cosa que era correcta. No le quedo más opción que llamar a su hijo Roberto, quien tenía más experiencia lidiando con los electrónicos y ella temía que tocar demasiado tiempo ese televisor podría provocar algún otro desperfecto.

Roberto la fue a visitar después de terminar su jornada en la veterinaria donde trabajaba. Su camisa olía a perro mojado y su barba estaba a medio afeitar. Aun así escuchó atentamente lo que su madre tenía para decirle y se tomó el tiempo para revisar la televisión. Reviso el control, el cableado, hasta se atrevió a mover la televisión a otra habitación para probar el enchufe en otro lado. Nada dio resultado. La pantalla seguía sin dar respuestas de vida.

— ¿Habrá que llamar a un técnico?—preguntó Kate.

—Creo que te saldrá más barato comprar uno nuevo que llevar este al técnico. —Comentó Roberto.

—Pero hoy es domingo. —Respondió Kate. —No hay nada abierto.

—Siempre puedes pedir uno nuevo por internet. Te llegaría en un par de días.

Kate sentía un poco de aversión ante las compras en línea, después todo ya había sufrido por una mala experiencia una vez que se quiso comprar unos pantalones. La imagen de la modelo se veía tan bien, pero al llegar su pedido resulto que la tela no era igual a la vista en las imágenes. Además de que el talle era incorrecto y devolverlo al remitente fue toda una travesía. También estaba un pequeño miedo infundido por el noticiero local, que una vez hablo sobre los peligros de las compras en línea y como estafadores tenían métodos especiales para clonar tarjetas de crédito y vaciar los depósitos en tiempo record. Eso asustaba a Kate debido que todos sus ahorros se encontraban en una sola cuenta bancaria, debido a que su hermana le recomendó ponerlo todo en el banco en vez de guardarlo bajo el colchón como ella solía hacer.

—Yo te ayudo. Descuida. —Dijo Roberto, una vez que se rindió por completo en su afán por lograr que el viejo televisor volviera a funcionar. —Si no quieres usar tu tarjeta entonces usamos la mía. No tengo problema con eso, mama.

Esa propuesta la calmo un poco.

Las siguientes horas las pasaron viendo televisores en la laptop de su hijo, buscando alguno que pudiera quedar perfecto sobre la mesa donde solía estar el anterior. La marca que ella quería conseguir no se encontraba en ningún lado, debido a que esos televisores dejaron de fabricarse poco después del ascenso de las pantallas planas.

—Este llega en un día.

— ¿Tan rápido?

—Algunos productos ya los tienen en bodegas, así ya están listos para ser despachados en cuanto se procese una orden. Quizás habría llegado hoy de no ser un domingo de tarde.

— ¿Y seguro de que llegara? No me gustaría que te roben el dinero.

—Mamá, estas cosas están aseguradas. Si pasa algo, entonces solo abriré una queja con el sitio de ventas y me devolverán el dinero.

—Bueno. —su tono de voz denotaba que no estaba tan convencida.

Aun así, Ricardo llenó los datos necesarios, poniendo la dirección de la casa de su madre, para después meter los dígitos de su tarjeta y completar la transacción en un parpadeo.

—Sin papeles, sin viajes al centro comercial. Solo unos minutos y listo. Ya está en camino. Mañana intentare salir un poco antes del trabajo para ayudarte a recibirlo.

Pero el paquete llego antes de lo previsto, alrededor de las tres de la tarde, dos horas antes de que Roberto terminara su turno en la clínica veterinaria de la localidad. Un camión de la empresa de correo se estaciono frente a la casa de Kate y uno de los trabajadores aplaudió frente a la puerta al notar que no había timbre alguno. Algo que despertó a todos los perros del vecindario pero esos eran los gajes del oficio.

Kate les abrió la puerta, confirmo su identidad y dio su firma para que le pudieran entregar su pedido. El trabajador de camisa verde bajó una caja rectangular de la camioneta y con cuidado la metió dentro del hogar de Kate. La anciana la dejo allí, descansando contra una pared, hasta que su hijo saliera del trabajo.

A Roberto no le tomo mucho tiempo encenderlo y configurarlo, debido a que era de la misma marca de su propio televisor y ya tenía experiencia con ello. Como sorpresa final, le configuro una aplicación de internet, para poder ver cada capítulo que quisiera de sus shows favoritos, a cualquier hora del día.

Fin de la Historia

Resumen

Kate tiene una tradición cada domingo que se basa en poder ver en tranquilidad sus telenovelas favoritas. Algo que cambia al notar que la televisión no quiere prender por lo que la fuerza a llamar a su hijo, quien le termina diciendo que el aparato necesitara un arreglo. Roberto le indica que mejor comprara otro y le aconseja que lo haga por internet, así no será necesario salir de casa. Roberto la ayuda a comprar una nueva televisión, la cual llega con más anterioridad de lo previsto. Al final, toda la experiencia termina cambiando la perspectiva que tenía Kate sobre las compras en línea.

Summary

Kate has a tradition every Sunday that is based on being able to watch her favorite soap operas in peace. Something that changes when she notices that the TV does not want to turn on so she is forced to call her son, who ends up telling her that the device needs to be fixed. Roberto tells her that she'd better buy another one and advises her to do it online, so she won't have to leave the house. Roberto helps her by buying a new television, which arrives earlier than expected. In the end, the whole experience ends up changing Kate's perspective on online shopping.

Preguntas

1. ¿Cuál de estos es uno de los shows que mira Kate?

1. La Ley de Mir

2. La Doctora Shamir

3. El Señor de los Carrillos

4. Mente Nocturna

5. Amanecer Dorado

2. ¿Qué idea tuvo Roberto al ver que la televisión no encendía?

1. Tirar la TV a la basura

2. Conseguir un proyector de cine

3. Comprar una nueva televisión

4. Regalarle libros a su madre

5. Comprar un nuevo celular

3. ¿A qué hora llego el paquete?

1. A las tres de la tarde

2. A las tres de la noche

3. A las doce del mediodía

4. A las siete de la noche

5. A las cinco de la tarde

4.   ¿Dónde trabajaba Roberto?

1.   En un centro comercial

2.   En una empresa de seguros

3.   En una concesionaria de autos

4.   En una veterinaria

5.   En un refugio de mascotas

5.   ¿Quién configuro la nueva televisión?

1.   El trabajador de correos

2.   Un técnico

3.   Un vecino

4.   Roberto

5.   Un amigo

Respuestas

1)   2

2)   3

3)   1

4)   4

5)   4

La Transformación de Nancy

Nancy se pasaba alrededor de dos a tres horas retocando su imagen en el baño de su casa.

Mascarillas hechas con ciertos frutos, labiales importados de Francia, cremas exfoliantes para evitar la resequedad de la piel.

Eso y mucho más era necesario para mantenerla como un ejemplo de la belleza femenina en televisión. Era la presentadora de Noticas Candelabro, el noticiero con mayor rating de audiencia en la región. También se aseguraba de pasar por el salón de estética de su centro comercial más cercano, El Aleph, para retocarse las uñas y el cabello por otras dos horas al menos tres veces por semana. Su agenda también se componía de al menos hora y media de gimnasio entre los lunes y viernes.

Cada día de su vida estaba planeado con la delicadeza de un pintor creando una obra maestra. A decir verdad, la fuerza que más la impulsaba a ser una perfeccionista era el miedo a ser reemplazada en su trabajo, dado que sabía muy bien de la larga lista de mujeres que mandaban sus currículos a los directos del canal. Gente buscando entrevistas para puestos pequeños pero con intenciones de derrocar la reina de las noticias del mediodía y de la noche.

Sin mencionar que esa agenda apretada también creaba grietas en la relación que tenía con su hija. Solo se veían durante algunos momentos del día, más que nada para almorzar o comer juntas.

— ¿Puedes dejar tu celular por unos segundos?—preguntó Oriana, su hija, mientras ambas esperaban un pedido de comida. Esa noche deseaban un poco de comida Tailandesa, de un restaurante que ya las tenía como clientas habituales.

— ¿Te molesta mucho que uso mi teléfono?—preguntó su madre, quien intentaba sacarse la fotografía perfecta para ponerla en su perfil de redes sociales. —Solo mantengo vigente mi monarquía.

—Te pagan por dar las noticias.

— ¿Enserio crees que es solo por eso? Cualquier cajera de supermercado podría leer el guion de una pantalla mientras mira a la cámara con ojos de pescado. La apariencia juego un papel muy importante en mi trabajo, cariño. A la gente le gusta ver cosas lindas, más si al mismo tiempo se están enterando de tragedias. Aliviana el golpe un poco. O puede mejorar una noticia buena, dándole un pequeño empujón a la gente para que piensen un poco más en positivo. Como ayer que dimos una noticia sobre un albergue para perros callejeros teniendo un excelente mes y consiguiéndole casas a varios perritos viejos.

—Y después también contaste sobre un choque de autos con una sonrisa. —respondió la hija, viendo a través de las falsedades de la madre.

La comida tailandesa llegó un poco tarde y tuvieron que comerla algo fría, dado que el horno se había roto el día anterior y debían comprar uno nuevo.

Al día siguiente, Oriana fue a visitar a su abuela, quien vivía en las afueras de la ciudad. Su casa era un oasis de tranquilidad, que estaba alejado de la vida egocéntrica que su madre se construyó para sí misma. Sin mencionar que Oriana iba en bicicleta, por lo cual todo el tramo le contaba como un buen ejercicio.

—Es demasiado plástica. Se concentra al máximo en su apariencia. Algún día voy a bajar a tomar el desayuno y veré a una muñeca de tamaño real sentada donde ella suele estar. Con sonrisa falsa y delineador caro alrededor de sus ojos sin vida.

—Estas siendo demasiado dura con ella. —Respondió su abuela mientras se concentraba en su jardín. Un amigo le construyo un pequeño cobertizo en el patio de su casa donde almacenaba a sus pequeñas: Margaritas, lirios, azaleas, dalias, hortensia, hibiscos y otras más flores que creaban una pintura cobrando vida dentro de esas paredes madera.

—No lo creo. Está muy obsesionada con ser perfecta. Y sabes que solo usa su trabajo como excusa, ni siquiera ella se toma tan enserio todo eso de ser presentadora.

—No culpes tanto a tu madre por sus hábitos. De pequeña se le burlaban mucho en la escuela. No sé si alguna vez te dejo ver sus fotografías en la secundaria, pero ella de adolescente tenía unos dientes de conejo que sobresalían de sus labios. Sin mencionar que por muchísimo tiempo batallo contra la caspa y un terrible caso de labios resecos. Estoy segura que los malos momentos que paso siendo objeto de burlas tuvo que ver con todo el desarrollo de sus obsesiones actuales por ser perfecta ante las cámaras.

—No te creo. —replicó la nieta, pasándole unas tijeras para cortar una rosa.

—En el ático deben de haber algunas pruebas que corroboren lo que digo. Puedes revisar si quieres.

Oriana buscó entre los baúles que su abuela guardaba en el ático de su casa, encontrando algunos álbumes de fotografías entre varias telarañas y carcasas de bichos muertos. Recuerdos de épocas diferentes. Y en uno de ellos se encontraban fotografías inéditas de su madre, donde se la veía como una chica con horrendo cabello y unos lentes de aspecto ridículo. Le costó a Oriana reconocer que esa chica terminaría siendo la llamada "Reina del Mediodía." Pero si el nombre no mentía, entonces de verdad se trataba de su madre. La misma Oriana sabía que los niños podían ser crueles y se intentó imaginar todo el calvario que tuvo que aguantar su madre durante esos años. Tan solo un par de palabras malsonantes eran capaces de tirar abajo a cualquiera, más si su autoestima ya estaba por los suelos.

Esa noche, el dúo de madre e hija volvió a pedir comida. Solo que esta vez se trataba de comida china.

Oriana se quedó viendo a su madre, que estaba respondiendo correos en su celular, y en su mente se interpolo la imagen de la chica de los lentes con la mujer que ella era ahora. Por primera vez tuvo en cuenta lo difícil que debió haber sido una transformación así.

— ¿Qué sucede?—preguntó su madre al verla tan pensativa.

—Nada, nada. —Contesto Oriana con una sonrisa. —Creo que otra vez vamos a cenar comida fría.

Fin de la Historia

Resumen

Oriana es la hija de Nancy, una de las anunciadoras de noticias más importantes de la región. La imagen de su madre es tan importante que ella se pasa una buena porción de su día a día procurando verse perfecta, debido al temor interno de ser reemplazada por una modelo más joven en cualquier momento. Oriana no cree en tales temores y ve a su madre como una persona superficial y caprichosa, por lo que decide pasar una mañana en casa de su abuela para despejarse. Su abuela decide terminar con el secreto y revelar el pasado de su Nancy, donde solía ser molestada por tener una apariencia rara. Y desde ese día, Oriana entiende un poco mejor a su madre.

Summary

Oriana is the daughter of Nancy, one of the most important news announcers in the region. Her mother's image is so important that she spends a good portion of her daily life trying to look perfect, due to the internal fear of being replaced by a younger model at any moment. Oriana doesn't believe in such fears and sees her mother as shallow and capricious, so she decides to spend a morning at her grandmother's house to clear her head. Her grandmother decides to end the secret and reveal Nancy's past, where she used to be teased for having a strange appearance. And from that day on, Oriana understands her mother a little better.

Preguntas

1. ¿Cuántas horas pasaba Nancy en El Aleph cada día?

1. Tres horas
2. Cinco horas
3. Siete horas
4. Dos horas
5. Diez horas

2. ¿Qué cenaron la noche antes de que Oriana visitara a su abuela?

1. Comida casera
2. Comida china
3. Comida italiana
4. Comida azteca
5. Comida tailandesa

3. ¿Dónde guardaba la abuela de Oriana las fotografías familiares?

1. En el ático
2. En el sótano
3. En el auto
4. En el cobertizo

5. En la cocina

4. ¿Qué solía usar Nancy durante su adolescencia?

1. Un parche en el ojo

2. Una mascarilla

3. Lentes

4. Un gorro

5. Un garfio

5. ¿Cómo se llamaba el noticiero donde trabajaba Nancy?

1. Noticias Doradas

2. Noticias Alba

3. Noticias Fugaces

4. Noticias Candelabro

5. Noticias Mundiales

Respuestas

1) 4

2) 5

3) 1

4) 3

5) 4

Un Futuro para Miguel

Uno, dos, tres.

El chico termino contando treinta y dos ovejas. Después anotó todo en su cuaderno con un lápiz viejo que le habían regalado en su último cumpleaños.

Miguel era uno de los pocos niños en la aldea Tawick, en una de las secciones más heladas de la cordillera. Sus padres en más de una ocasión le preguntaron si le gustaría vivir en la ciudad, o aunque sea un pueblito, pero el chico se negaba. La idea de abandonar la montaña lo atemorizaba al punto de sentir nauseas. Esa era su tierra y esa era su gente, su corazón se negaba a aceptar la idea de abandonar todo eso por las locuras que sucedían en las ciudades.

Un deseo que ambos padres respetaban pero aun así temían por la educación del chico, debido a que no había profesor alguno en la aldea que pudiera brindarle los conocimientos necesarios para poder formar parte del mundo moderno. Deseaban algo mejor para él que ser un pastor de ovejas. En especial al ver que su hijo tenía aptitudes para las matemáticas. Una buena parte de su tiempo se la pasaba revisando el viejo cuadernillo de matemáticas que su padre consiguió en medio de un pequeño lote de novelas. Eran matemáticas de segundo grado de secundaria, un tema un poco avanzado para un chico de diez años.

Y aun así, durante varios meses él se empeñó en comprender los temas y completar cada ejercicio que encontraba. Sorprendiendo a sus padres sobre sus aptitudes para la materia. Ambos eran horribles para las matemáticas, por eso pensaban que era por demás necesario que su hijo encontrara una forma de poder nutrir esa necesidad por querer saber más al respecto.

Raúl, el padre de Miguel, hizo un largo viaje para bajar de la cordillera hasta el pueblito más cercano, donde se encontró con un profesor que solía ir al lugar para visitar familiares. Le conto sobre la situación de su hijo y el profesor, llamado Matías, prometió que en un mes le traería una solución a ese problema. Anotó todos los datos que Raúl le podía proveer sobre sí mismo, su hijo y su mujer, y al día siguiente ambos partieron por caminos divididos hacia sus respectivos hogares. Para Raúl el mes se hizo pesado, temía que el profesor no lograra su cometido y él tuviera que forzar a su hijo a abandonar la aldea para irse a vivir a un poblado más cerca de la única escuelita cerca de la cordillera.

Eso le partiría el corazón al chico pero podría asegurarle un mejor futuro. Una lección de la cual él, con algo de compasión, entendería más adelante en la vida. Por fortuna, el profesor Matías apareció en la primera semana del siguiente mes. Esta vez con una camioneta donde traía algunas cajas que subió directamente a la aldea. Allí le enseño a Miguel y su familia un regalo por el cual batallo día y noche contra el ministerio de educación: Una computadora.

Equipada con todo tipo de programas para que el chico pudiera ser parte de un salón de clases virtuales y así poder comenzar su experiencia académica sin tener que abandonar su hogar. Al ser algo nuevo para el chico, Matías se ofreció a quedarse por unos días en la aldea para enseñarle cada función básica de la máquina.

Por eso se había traído su camioneta, ya que podía dormir en el vehículo gracias a todo el espacio que tenía la parte trasera. También una gran cantidad de mantas lo ayudaron a sobrevivir el frio de la montaña. Todo con tal de que el chico pueda entender cómo usar su nuevo regalo y que tenga las llaves del futuro que se merece. El equipo también vino que con una antena de mucha potencia, para que los cortes de red fueran eventos que sucedían tan solo en épocas de tormentas bruscas, así el chico perdería el menor número de clases posibles.

Al poco tiempo, Raúl se cobró algunos favores para conseguir un generador de energía a combustible, en caso de que las líneas eléctricas que llegaban a la aldea dejaran de funcionar debido al salvaje clima de las montañas. Y no fueron los únicos ayudando al chico.

La madre y los abuelos se aseguraron de conseguirle un buen sillón, junto con algunas mantas para los días helados, y una mesa a la altura justa para que el chico pudiera estudiar de la manera más cómoda. También el resto de los pueblerinos ayudador a la hora de mantener estables los postes de luz que traían el único cableado que llegaba a la zona, reforzando las bases para que fuera difícil tirar las líneas abajo. Un solo poste caído podría significar semanas de espera a que los expertos de la compañía eléctrica pudieran repararlo.

Todos estaban aportando su granito de arena para hacer que la experiencia de Miguel diera frutos, y el chico por su parte, se esforzaba por ser un excelente alumno. En seis meses logro avanzar muchísimo en un gran rango de materias, llegando a ser la estrella de su clase a pesar de que las adversidades le impedían pisar el salón de clases. Al terminar el año lectivo, el chico fue condecorado debido a sus calificaciones perfectas y fue puesto como un claro ejemplo de que todo se puede lograr si se le mete suficiente corazón y empeño.

—No sé cómo agradecérselo. —Dijo Raúl la próxima vez que se pudo reunir con Matías, sonriendo con orgullo mientras su hijo aprendía sobre lengua y literatura en la computadora. La curiosidad innata del fruto de su semilla iluminaba sus días. Una flor que crecía en medio de un lugar inhóspito.

—No tiene que agradecerme nada. Escuchar la historia de su hijo me conmovió tanto que quede decidido a ayudarlo. Es más, yo debería agradecerle a usted por haberme pedido ayuda tantos meses atrás. De no ser así, quien sabe qué habría pasado. Su chico tiene un futuro brillante por delante y usted tuvo mucho que ver en eso. Jamás lo olvide, mi amigo.

Fin de la Historia

Resumen

Miguel es un chico que vive en las montañas y resulta ser un prodigio para el estudio a pesar de que no tiene las condiciones correctas para una buena educación. Sus padres en un principio piensan en marcharse de la aldea donde viven para darle mejores oportunidades, hasta que logran contactar con un profesor que termina ayudándolos a conseguir una computadora. Así Miguel puede tener una educación a distancia gracias a los avances tecnológicos y el apoyo de todos sus conocidos. Mostrando excelentes resultados en los meses siguientes debido a su amor por el estudio.

Summary

Miguel is a boy who lives in the mountains and turns out to be a prodigy at studying even though he does not have the right conditions for a good education. His parents at first think about leaving the village where they live to give him better opportunities until they manage to contact a teacher who ends up helping them to get a computer. So Miguel can have a distance education thanks to technological advances and the support of all his acquaintances. Showing excellent results in the following months due to his love for studying.

Preguntas

1. ¿Cómo se llamaba la aldea donde residía Miguel y su familia?

1. Balnir

2. Tawick

3. Canrir

4. El Paso

5. Tortuga

2. ¿Cómo se llamaba el profesor que ayudo a Miguel?

1. Manolo

2. Nataniel

3. Sebastián

4. Matías

5. Francisco

3. ¿Con quien tuvo que batallar Matías para conseguir la computadora?

1. El ministerio de agricultura

2. El ministerio de educación

3. La junta de maestros

4. La policía

5.   Los bomberos

4.   ¿Quiénes le consiguieron un sillón y una mesa a Miguel?

1.   Su padre

2.   Matías

3.   Miguel se los consiguió por su cuenta

4.   Su madre y sus abuelos

5.   Los vecinos

5.   ¿Qué usaba Miguel como material de estudio al principio del relato?

1.   Una revista de acertijos

2.   Un cuadernillo de biología

3.   Un cuadernillo de matemáticas

4.   Un cuadernillo de historia

5.   Un periódico viejo

Respuestas

1)   2

2)   4

3)   2

4)   4

5)   3

La Determinación de un Padre

Quince minutos y ya estaba sudando.

Gaspar sentía un leve dolor muscular en sus piernas, el sudor bajaba por su frente y su perro lo veía con una sonrisa juguetona mientras sujetaba la correa de la mascota. Sus días de gloria habían quedado muy atrás. Antes fue un reconocido jugador del club Relámpago. Inclusive estuvo a poco de jugar en un mundial de fútbol, de no haber sido por un accidente en motocicleta que terminó con su carrera y logró que cambiará los estadios por consultorios médicos y quirófanos.

Años de cirugías en las rodillas causó que se volviera holgazán, desarrollando hábitos que harían llorar al adolescente atlético que alguna vez fue. Pero estaba decidido a cambiar eso, debido a que su hija, Malena, le había pedido en su último cumpleaños que cuidará más su salud. Con el pasar de los años, la sombra del colesterol alto se hacía más grande sobre su cabeza y al llegar a los 47 años de edad decidió que era momento de hacer un cambio. Su médico le aconsejó que lo más esencial a la hora de perder peso era hacer dieta y controlar el incremento de calorías. Una tarea que sonaba más simple de lo que parecía. Ya que a Gaspar en un principio le costaba mantener a raya su hambre.

Tuvo la mala, o quizás buena, suerte de haberse casado con una chef profesional. Laura, que tan solo era dos años menor que su marido, se acostumbró a usar a Gaspar como conejillo de indias para probar nuevos platillos: Desde guisos exquisitos hasta postres acaramelados, recetas que provenían del oriente, de los barrios más humildes de Sudamérica e inclusive recetas hechas por investigadores en la antártica. Algo que a la larga supuso un problema debido a que terminó entrenando el paladar de su marido para aceptar solamente manjares.

El amor de ese hombre por su mujer estaba relacionado con la barriga de barril que consiguió durante el largo y próspero matrimonio. Y ahora el amor por su hija lo impulsaba a querer quitarse ese peso de encima. Comenzando con largas caminatas por la costa de Ciudad del Sol, mientras sacaba a pasear a Fido, el perro salchicha de la familia. El animal necesitaba algo de aire fresco cada mañana o si no andaba con mal humor durante el resto del día, una personalidad que dejaba algo inquieto a Gaspar. Pero el canino era el fiel compañero de Malena, así que se le respetaba como si fuera otro miembro de la familia. Además, esa tendencia por los paseos le ayudó a Gaspar a dejar su sillón reclinable y calzarse las zapatillas para correr. Aunque era más bien una caminata rápida, pero de todas maneras terminaba sudando debido al esfuerzo que hacía para dejar atrás el sedentarismo.

A final de cuentas, la verdadera lucha sucedía en la cocina. El reino de Laura. Las habilidades culinarias de Gaspar estaban oxidadas después de décadas dejando que la chef de la casa se ocupará de ese lugar inhóspito conformado por las despensas, la heladera y el horno. Lo que conllevó a que se tragara su orgullo y decidiera pedirle ayuda a su mujer para que le enseñara un poco de cocina. Su nutricionista le indicó que era necesario alejarse de los azúcares y reducir considerablemente la sal en los alimentos.

Por lo cual, la pareja intentó seguir una dieta de frutos secos junto con platillos donde el principal ingrediente era el atún debido a las proteínas que contenía. Por tres días no comieron nada más que atún, con algunas avellanas y nueces actuando como entremeses, y después fueron añadiendo lácteos bajos en grasa, frutas, vegetales e inclusive pollo a sus comidas. Moldeando poco a poco la dieta que iban a seguir por meses.

En un principio Gaspar pensó que se iba a sentir asqueado del atún después de añadirlo en sus comidas por varias semanas, creyendo que solo los gatos eran capaces de comer eso a todas horas sin perder el apetito. Pero quedó sumamente satisfecho al haber sido contradicho por su propio paladar cuando se acostumbró al sabor. Además de que esos nuevos hábitos alimenticios lo ayudaron a controlar su colesterol.

A eso se le sumó el ejercicio, el cual pasó de ser caminatas a leves trotes junto a su primo, Manuel. Esfuerzos ligeros para recuperar la fuerza en las rodillas, las cuales tenían más resistencia debido a todo el calcio que ingirió con la leche que reemplazó a la cerveza. Un cambio que hizo muy feliz a Malena, ya que demostraba la seriedad con la cual su padre se empeñaba en seguir la dieta. Inclusive ella le empezó a ayudar con sus trotes matutinos, siguiendo a su padre mientras ella andaba en patines por la costa.

— ¿Cómo lo llevas?—preguntó Malena durante la séptima salida matutina que tenían. Gaspar logró trotar treinta minutos antes de necesitar un descanso.

—Bastante bien. —dijo su padre entre jadeos. Tenía la camiseta manchada de sudor, sentía un ardor en las rodillas y el sol veraniego acariciaba su calva cabeza. Pero en cuatro meses no se había rendido ni una sola vez. Eso levantaba su espíritu y llenaba a su hija de un orgullo y cariño que solo algunos padres eran afortunados de recibir.

Los meses pasaron y Gaspar no renunció a su meta. Iba seguido al médico para tener chequeos rutinarios en caso de que sus rodillas decidieran fallarle. Algo que por fortuna no ocurrió. En ocho meses logró quitarse de encima unos 35 kilos y se sintió mejor que en sus días de jugador profesional. Todo gracias al impulso que recibió de parte de su familia para buscar una vida mejor. Incluso llegó a derramar algunas lágrimas al probarse pantalones viejos y notar lo grande que le quedaban. Ese día fue a la habitación de su hija y le dio un fuerte abrazo como agradecimiento por haberle dado la motivación para elegir un mejor camino. Y hasta el día de hoy, Gaspar no ha faltado a un solo trote matutino. Truene o llueva, él estará en ese camino de piedra empujando sus límites.

Fin de la Historia

Resumen

Años después de tener un accidente, Gaspar decide volver a hacer ejercicio y bajar de peso debido a un pedido hecho por su hija. Su esposa es una chef y lo ayuda con el tema de la dieta. También se dedica a hacer ejercicio sacando a pasear al perro de la familia. Al principio es una tarea algo difícil pero con perseverancia y determinación llega a lograr sus metas. Termina bajando 35 kilos en menos de un año.

Summary

Years after having an accident, Gaspar decides to go back to exercise and lose weight due to a request made by his daughter. His wife is a chef and helps him with his diet. He also takes up exercise by walking the family dog. At first, it is a somewhat difficult task but with perseverance and determination, he manages to achieve his goals. He ends up losing 35 kilos in less than a year.

Preguntas

1.   ¿En qué equipo solía jugar Gaspar?

1.   Trueno

2.   Los Dinosaurios

3.   Los Pumas

4.   Los Tigres

5.   Relámpago

2.   ¿Cómo se llamaba el perro de la familia?

1.   Cabo

2.   Popeye

3.   Penny

4.   Lulú

5.   Fido

3.   ¿Cuánto peso logro Gaspar en un año?

1.   10 kilos

2.   15 kilos

3.   35 kilos

4.   90 kilos

5.   5 kilos

4. ¿Qué dieta intento seguir Gaspar?

1. Una de frutos secos
2. Una de quesos
3. Una de carne y pollo
4. Una de tofu
5. Una de pura agua

5. ¿Dónde empezó a hacer sus caminatas?

1. Por el centro de ciudad Malva
2. Por las afueras de villa Gacel.
3. Por la costa de Ciudad del Sol
4. Por los bosques Palermo
5. Por los barrios de Puerto Borges

Respuestas

1) 5
2) 5
3) 3
4) 1
5) 3

El Desafío de Bianca

El bus se detuvo a tan solo tres calles de su casa. Un corto trayecto que Bianca tenía que hacer cada mediodía después de salir de clases.

Solo que esta vez lo hacía con una mueca en su rostro, gracias a que no le estaba yendo tan bien en una de sus materias. El primer trimestre del año escolar estaba a punto de finalizar, lo que significaba que se avecinaba la semana de exámenes. Un evento que le provocaba un terrible estrés a la chica.

Bianca vivía momentáneamente con sus abuelos, Ñato y Ofelia. Su madre estaba en un viaje de negocios en Asia, gracias a que ella era parte de un equipo que diseñaba el siguiente auto para una poderosa marca, mientras que su padre se encontraba en otra ciudad, debido que su trabajo de abogado lo puso en un caso muy pesado. Y la chica adoraba cada vez que recibía noticias de ambos padres, ya que había heredado la pasión que tenía su madre por los autos y la de su padre por los tribunales.

Entró a la casa y enseguida fue recibida por su abuelo, quien la acompaño hasta la cocina para que pudiera contarle sobre su día en la escuela.

Bianca tomó asiento justo al mismo tiempo que su abuelo se servía algo de té de manzanilla. Los miércoles eran de manzanilla mientras que el resto de la semana se servía té verde en una peculiar tradición personal.

La chica dejó su mochila sobre la mesa y dejo caer su cabeza sobre ella, usándola como almohada.

— ¿Qué sucede mija?—preguntó su abuelo, usando la palabra con la cual había coronado a Bianca desde que solía ser una bebe.

—Estoy comenzando a creer que la escuela es una pérdida de tiempo. —respondió ella, revisando su mochila para dejar caer algunas carpetas y cuadernillos sobre la mesa.

—No digas eso. La escuela sirve para alcanzar tus metas. Antes quizás te contrataban si eras un bruto como tu abuelo, pero las cosas han cambiado demasiado. Ahora nadie te da la hora a menos que tengas un título. ¿Por qué dices eso?

Bianca abrió una de sus carpetas.

—Tan solo mira esto: Química. ¡Química! ¿Para qué quiero saber química? Quiero ser una abogada como papá. Eso implica leyes y cortes judiciales. No aprender sobre los átomos, las partículas y demás locuras de laboratorio.

Bianca le sacó una risa a su abuelo, una tan fuerte que casi escupe la dentadura.

—Eres idéntica a él. Ambos son quejumbrosos por naturaleza. Aunque tu padre era enemigo de las matemáticas. Le tiras una calculadora y chilla como un diablo al que le tiraron agua bendita.

La risa del viejo se volvió más fuerte, culminando en un ataque de tos.

— ¿Estas bien, abuelo?—preguntó Bianca.

—Descuida mija, es algo que sucede con la edad. —El anciano levantó una mano para calmarla al ver como ella se levantaba de su asiento. —Es un pequeño precio a pagar por vivir una vida llena de risas. —añadió, regalándole una sonrisa desdentada.

—Eres muy risueño. Papá no es así.

—Sacó la seriedad de tu abuela y tú la de él. Aun así no me cambias el tema, niña. Tu educación es muy importante.

La chica soltó un bufido y apoyó bruscamente el rostro sobre la carpeta en señal de derrota. Uno de sus marcadores salió volando.

—Pero no entiendo nada.

—Entonces debes meterle más ánimos. La educación es la máxima herramienta contra la ignorancia. Además, todavía te falta para terminar la escuela, mija. Quizás el día de mañana tengas otros planes y en eso se incluya la química. No desperdicies las oportunidades que se te dan para ver otros caminos. Yo a duras penas termine la escuela y después conseguí trabajo de hojalatero porque en aquel entonces la plata no alcanzaba para nada. En cambio tú tienes un regalo llamado tiempo y elecciones. Algo maravilloso. Hazle un favor a este anciano y ponle todo tu esfuerzo.

Las palabras de su abuelo le llegaron a la nieta tanto en la mente como el corazón. Era el tipo de apoyo que necesitaba para hacerle frente a sus miedos y sobrepasar la ignorancia que atestaba su cerebro al intentar entender la química.

Esa noche, después de la cena, hizo un par de llamadas que servían a ese propósito: Ganarle a la ignorancia.

Le pidió ayuda a su amiga, Camila, quien tenía un mejor entendimiento sobre la química. Las dos establecieron verse después de clases para repasar lo visto en las horas de químicas, y así estar mejor preparadas para los temidos exámenes. No fue algo fácil para Bianca, quien se quería rendir cada vez que observaba la tabla periódica y le entraba un miedo pasajero al ver tantos elementos extraños. Su amiga le conto que esa era la función de la misma: Facilitar las cosas para que no sea una tarea tan ardua. Una explicación que pudo calmar los nervios de Bianca. Así logró concentrarse en los temas dados sobre la química, sus definiciones y los distintos tipos de composiciones que se encontraban en el mundo que la rodeaba. Le sorprendió poder comprender que cada cambio podía tratarse de uno físico o químico, conceptos que hasta ese entonces le parecían de lo más confusos y que después sintió algo de bochorno al entenderlos con facilidad.

Cuadernillos, anotaciones, pequeños mensajes escritos en papeles cortados. Se nutrió de todo los días previos a la prueba. Y cuando llego la hora, entró al salón de clases con la confianza de que todo saldría bien. Quedaban unos pequeños rastros de miedo y nervios en sus pensamientos, pero no fueron suficiente para evitar que recordara todo lo que aprendió durante sus juntadas de estudio con su buena amiga. Al finalizar el periodo de hora y media, la profesora les pidió a todos los alumnos que entregaran sus hojas y Bianca sintió mucho orgullo al ver que había respondiendo nueve de las diez preguntas puestas en el examen. Entrego la hoja con una mano temblorosa y salió del salón con la frente en alto.

Una semana después, la profesora dio los resultados.

Bianca había aprobado con excelencia.

Fin de la Historia

Resumen

Bianca es una estudiante de secundaria con problemas en una materia específica: Química. Un día llega a su casa, se encuentra con su abuelo y esta le dice lo mucho que odia estudiar algo que podría no servirle en el futuro. Eso hace que su abuelo, Ñato, le dé una lección sobre la importancia del saber y los caminos que puede abrir la escuela. Bianca se toma enserio sus palabras y al poco tiempo le pide ayuda a una amiga, así puede estar preparada para los exámenes que están por comenzar.

Summary

Bianca is a high school student with problems in a specific subject: Chemistry. One day she arrives home, meets her grandfather, and tells him how much she hates studying something that might not be useful in the future. That makes her grandfather, Ñato, give her a lesson about the importance of knowledge and the paths that school can open. Bianca takes his words to heart and soon after asks a friend for help so she can be prepared for the exams that are about to begin.

Preguntas

1.   ¿Qué resultado tuvo Bianca en su examen?

1.   Uno regular

2.   Uno pésimo

3.   Uno bueno

4.   Uno excelente

5.   Uno malo

2.   ¿Qué trabajo solía tener su abuelo?

1.   Hojalatero

2.   Electricista

3.   Presidente

4.   Vendedor

5.   Corredor

3.   ¿Qué materia le costaba a Bianca?

1.   Matemáticas

2.   Ciencias Naturales

3.   Historias

4.   Lenguas Extrajeras

5.   Química

4. **¿Qué trabajo tenía el padre de Bianca?**

1. Científico
2. Abogado
3. Albañil
4. Marinero
5. Cocinero

5. **¿Qué hizo Bianca para superar su problema?**

1. Se rindió
2. Se puso a estudiar por su cuenta
3. Le pidió ayuda a una amiga
4. Hizo trampa
5. Le pidió ayuda a su padre

Respuestas

1) 4
2) 1
3) 5
4) 2
5) 3

Los Viajes de Amelia

Amelia tomó una foto y después otra de las planicies con su celular. Su amiga, María, estaba parada a su lado, revisando los mensajes de su celular con un rostro de aburrimiento.

—Aquí es donde cayó el general Lorenzo Lomas, a manos del ejército de los Giradores a principios del 1700. Dicen que si cierras los ojos y te concentras, puedes escuchar el choque de las cuchillas y los gritos de los miles de soldados que combatieron con valentía en estas planicies.

Amelia cerró los ojos pero su amiga, en vez de hacer eso, la vio de reojo.

— ¿Enserio crees que escucharas fantasmas con tan solo cerrar los ojos?

Era obvio que ella no tenía tanta fascinación por una planicie como Amelia. A María le interesaba más explorar el centro de Santa Carote, debido a que allí se encontraban la bodega de Martínez, famosa por sus deliciosos vinos, y el centro comercial Nuevo Sol, que tenía el tamaño de la mitad de un estadio de futbol. Ambas estaban de turistas en Santa Carote, explorando un ambiente nuevo para ambas mujeres oriundas de Valnear, que estaba mucho más lejos al sur.

—Déjate llevar. —dijo Amelia con una sonrisa, respirando hondo el aire fresco del lugar. Su vieja camioneta estaba estacionada a unos metros del lugar donde estaban las mujeres.

—La brisa fresca esta linda pero no hay nada más. Vámonos ya.

Amelia estaba loca por la historia de su país, hasta estaba trabajando en una maestría para poder enseñar ciencias sociales, donde se incluía la materia de historia, en las escuelas y así poder transmitir el cariño que sentía por los hechos del pasado. Todo comenzó cuando su profesor de historia le contó sobre las revoluciones que ocurrieron a través de la historia, lo que despertó una curiosidad dentro de Amelia que solo fue creciendo con el paso del tiempo. Inclusive los eventos más desastrosos, como las guerras, atraparon la atención de la chica, debido al peso que tenían en la historia de la humanidad.

—Está bien. Vámonos. —dijo Amelia una vez que tenía las fotografías suficientes. Iba a imprimirlas todas para pegarlas en el pequeño mural que tenía en la habitación de su casa, junto con todo el álbum de fotografías que sacó cuando visito las inmensas pirámides en Egipto.

Se subieron a la camioneta y fue en dirección a la ciudad. Le toco conducir a María mientras su amiga se la pasaba revisando las fotografías para después subirla a su blog personal, donde dejaba largos mensajes sobre los viajes que hacia cuando el bolsillo le daba la oportunidad. Estrenó su pequeño rincón de la web con el viaje a Egipto y sus cuarenta seguidores esperaban con ansias el siguiente sitio que ella recomendaría visitar.

Una vez en el centro de Santa Caronte, el par de amigas no fue a visitar el centro comercial como tanto deseaba María, sino que terminaron en la catedral de San Vito. Una imponente estructura, edificada en el siglo 16, que se mantenía en excelente estado gracias al empeño que la ciudad le ponía cada aniversario para que se mantuviera esplendida. Amelia no era una persona religiosa, pero le era imposible no quedar anonadada por la belleza que se posaba sobre su cabeza al entrar en la catedral. En el techo se encontraban pinturas de ángeles, flotando sobre damas santas, dejando laureles sobre sus cabezas mientras estaban puestas sobre un fondo soleado.

—Solo piénsalo: Toda esta gente hizo hasta lo imposible para que su nombre jamás fuera olvidado. Cada batalla, cada traición, cada amorío y cada ley establecida, todo con el afán de quedar en la inmortalidad. ¿Eso no te parece fascinante? A mí me encanta caminar por donde cientos de personas caminaron antes, me hace sentir que estoy formando parte de algo grande.

Su amiga, que se concentraba más en que nadie en su grupo de visitas metiera mano en su bolso. Un rebaño de gente visitaba la catedral ese día y se dividían en dos enormes grupos siendo guiados por al menos tres guías distintos. A María no le agradaba estar tanto tiempo en medio de multitudes ya que un par de años atrás le habían robado el celular en medio de un concierto de Jonatan Bautista.

— ¿Podemos irnos?—preguntó María.

Amelia tomó algunas fotos extras y aceptó la proposición de su amiga. Después de todo, más tarde podría volver a hacer el tour para poder tomarle fotos a los rincones que no habían visitado esa mañana.

Ambas fueron a un pequeño restaurante cerca de la plaza principal, se consiguieron un asiento cerca de una esquina y disfrutaron de un poco de la comida local, junto con una pizza. Amelia pidió un poco de agua, mientras seguía revisando la memoria de su cámara para quedarse solo con las mejores fotografías que había tomado. Y eran unas cientos. Mientras que María pedía un poco de café dado que la diferencia horaria entre Santa Caronte y su ciudad de origen era algo prominente.

— ¿Por qué te interesa tanto todo esto de la historia?—Era una pregunta que María le hacía debes en cuando a su amiga. Y casi siempre solo conseguía una sonrisa como respuesta.

María la había conocido cuando ambas quedaron en el salón en el último año de preparatorio. El destino las unió con un trabajo en pareja de historia y desde entonces se habían vuelto inseparables. El viaje que hicieron juntas a Egipto, la primera vez que ambas viajaban tan lejos de sus hogares, fue la prueba definitiva que eran un dúo dinámico sin igual.

—Nunca fui de tener muchos amigos. Y creo que aprender sobre el mundo que me rodea, y todo lo que sucedió en él, hizo que me sienta menos sola. Gracias por querer ser parte de esto junto a mí.

Esa respuesta dejó a María sin palabras.

Al cabo de unas horas, ella fue quien le propuso a Amelia volver a hacer el tour por la catedral. Así podía seguir sacando fotografías para su blog de turismo. El cuál sería el diario de muchos viajes venideros.

Fin de la Historia

Resumen

Amelia es una chica que nació para viajar y su mejor amiga, María, decide seguirla en sus viajes. Primero logra visitar Egipto, pero después decide hacer un poco de turismo en una ciudad de su país. Donde queda asombrada por los lugares históricos como lo son las planicies donde sucedieron enormes combates y la hermosa capilla decorando el centro de la ciudad. Durante ese segundo viaje es cuando Amelia le explica a María la razón por la cual ama tanto la historia y María logra entender un poco mejor a su amiga con su pasión por los viajes.

Summary

Amelia is a girl who was born to travel and her best friend, Maria, decides to follow her on her travels. First, she manages to visit Egypt, but then she decides to do some sightseeing in a city in her country. Where she is amazed by the historical places such as the plains where huge battles took place and the beautiful chapel decorating the center of the city. During that second trip is when Amelia explains to Maria the reason why she loves history so much and Maria manages to understand her friend a little better with her passion for travel.

Preguntas

1. ¿Adónde van las amigas cuando llegan al centro de la ciudad?

1. La catedral de Santa Lipia

2. La catedral de Santo Patricio

3. La catedral de San Vito

4. La catedral de los huesos

5. La catedral de las estrellas

2. ¿En qué época fue la caída de Lorenzo Lomas?

1. Alrededor del 1900

2. Alrededor del 1800

3. Alrededor de los 2000

4. Alrededor del 1700

5. Alrededor del 1500

3. ¿Cuál fue el primer lugar que visitaron al empezar con su blog de viajes?

1. España

2. Argentina

3. Egipto

4. China

5. India

4. ¿Por qué María no se sentía cómoda entre multitudes?

1. Porque le robaron el celular en un concierto
2. Porque sentía nauseas
3. Porque se sentía mareada
4. Porque le tenía miedo a los extraños
5. Porque la empujaban

5. ¿Cuándo se conocieron Amelia y María?

1. En primer año de la universidad
2. En segundo de secundaria
3. En tercero de primaria
4. En segundo de preparatoria
5. En el último año de secundaria

Respuestas

1) 3
2) 4
3) 3
4) 1
5) 5

Conflictos de Gemelas

El pobre Dylan pensó que veía doble.

Pero no. La verdad era que tenía dos enfermeras con un parecido que era mucho más que pura coincidencia.

Clara y Ciara eran gemelas idénticas: Cabellos oscuros como la noche, ojos verdes como gemas y narices puntiagudas, una combinación enmarcada por una quijada redondeada que sacaron de su padre. Pero los universos dentro de sus cabezas eran totalmente diferentes. Una estaba metida en el mundo de la ciencia, en específico las ramas que involucraban al cuerpo humano. Y dedico años buscando maneras de ayudar a otros, al punto de conseguir un doctorado. Mientras, su gemela se la paso siendo una defensora de la naturaleza. Ciara viajó por el mundo, uniéndose a grupos de música, de teatro, ambientalistas e inclusive una tropa de exploradores en el Amazonas. Mientras que a una le encantaba hundirse en los libros de texto, a la otra les parecía sumamente aburridos y pensaba que la vida se debía experimentar, no leer. A pesar de tener doctrinas tan distintas, las dos se veían muy seguido. Ciara permanecía en Santa Letra, ciudad donde vivía su hermana, alrededor de cuatro meses al año, antes de salir en alguna aventura por el mundo.

Clara era la madre de Dylan, que en aquel entonces tenía tan solo ocho años. El niño mostraba indicios de gripe después de haber salido a jugar en medio de una tormenta. Se le había escapado a su niñera, mientras su madre estaba trabajando en el hospital Larrea, y volvió a casa completamente empapado. Clara se enteró cuando su pequeño comenzó a tener fiebre y catarro. Algo que sucedió durante la misma semana que Ciara volvía a la ciudad y se hospedaba en casa de su hermana por un tiempo.

—El muchacho necesita semillas de la planta de Ribazo y un poco de jugo de calabaza mezclado con hojas de romero. —Dijo Ciara después de que su hermana llamara a la escuela de Dylan, avisándoles que el niño no asistiría a clases por unos días y que ella se encargaría de conseguir un certificado médico.

— ¿Disculpa? No recuerdo haberte pedido consejos

—No son consejos, son órdenes. Mejor síguelas si quieres ayudar al pequeño, hermanita.

La animosidad estaba al rojo vivo en esos momentos.

—Hice largas guardias en el hospital de San Marrita y en la clínica de Las Palmeras, no vas a despreciar todo el trabajo que me tomó llegar a donde estoy. ¿Quedó claro?

Clara apuntó a su hermana con el dedo índice y Ciara lo desvío con un suave manotazo y una risa.

—Y yo pase meses con gitanos rumanos para averiguar cómo se invocan buenos espíritus, los cuales son capaces de curar el alma y mejorar la salud de la persona.

— ¿Qué locuras dices? El catarro no se combate con buenos espíritus o plegarias. Él necesita analgésicos, antinflamatorios, algún descongestivo. Todo lo puedo conseguir en menos de una hora viajando a la farmacia del centro.

—Patrañas. Yo misma te curaba la gripe con las viejas recetas que herede de mi abuela Nora, sin necesidad de tener que llamar a ningún médico.

—Ciara, eso solo lo hiciste una vez y fue porque estábamos en medio de una tormenta con caídas de granizo. Hubiera ido yo misma a buscarme algún remedio sino fuera por la alerta de que caía hielo del tamaño de peceras.

Ciara soltó un bufido y fue a su habitación, en la cual busco un par de frascos llenos de especias trituradas y ungüentos de extraños colores.

—Te le acercas a mi hijo con algo de eso y juro que te saco a patadas de mi casa. Primera y única advertencia.

Ciara se le quedo viendo con una sonrisa. Los años no cambiaban nada en absoluto, ya que ella recordaba como su hermana se enojó de la misma manera cuando ella le solía robar sus osos de peluche. Clara solía tener una colección enorme en la casa de sus padres, de todos los colores del arcoíris, y su gemela adoraba robarle su oso más preciado: El dorado. Ese tipo de jugarretas siguieron durante los años venideros, creando un sentimiento de animosidad entre las hermanas.

No ayudaba que sus padres siempre la ponían a hacer actividades juntas, como deportes. Ambas estuvieron en los mismos equipos de basquetbol y voleibol, en los clubes de audiovisual, en las chicas exploradoras. Eran forzadas a estar pegadas una a la otra, lo que solo aumento la rivalidad entre ambas. Pero a su vez pudo crear un apego que difícilmente desaparecería con peleas infantiles. Si una se caía, la otra la levantaba. Si una se lastimaba las rodillas, la otra le ponía una curita o una venda y le decía que no sea tan llorona.

—Me duele la garganta. —dijo Dylan con una voz ronca. Su madre le acaricio la frente mientras el termómetro le tomaba la temperatura.

—Conozco un buen remedio para eso. —comentó Ciara desde la puerta.

—Ahora no. —murmuró su hermana.

La gemela fue hasta su habitación, reviso en sus cajones hasta encontrar un pequeño frasco que contenía miel exportada de Colombia. Ciara fue hasta la cocina, puso un poco en una cuchara y la calentó por unos segundos sobre un encendedor. Se lo llevó a Dylan y le pidió que abriera bien la boca, que sentiría un cálido dulce realmente delicioso. Clara vio todo con algo de escepticismo, a pesar de saber lo bien que podría hacerle un poco de miel caliente a la garganta de su hijo.

— ¿Un poquito mejor?—preguntó Ciara con un tono de voz que solo una tía llena de amor podría usar.

El chico asintió y eso le brindo un poco de calma a su madre.

Las dos mujeres abandonaron la habitación poco después de que él se quedara dormido. Clara se quedó esperando en el pasillo a que le llegaran las palabras correctas. Su hermana puso una mano sobre su hombro y le dijo que no era necesario decir nada. Siempre podría contar con ella, aunque a veces no lo quisiera.

Para eso estaba la familia.

Fin de la Historia

Resumen

Clara y Ciara son dos gemelas que suelen discutir por todo. Esta vez, después de que el hijo de Clara, Dylan, se contagiara de gripe, las dos discuten para usar los métodos médicos que creen que podrán curarlo. Mientras que Clara es partidaria de la ciencia médica, debido a que eso eligió como carrera en la universidad, Ciara prefiere más los remedios caseros y naturales. Lo cual lleva a que Ciara le dé al niño un poco de miel caliente contra los deseos de su madre, lo cual resulta ser una buena idea ya que calma un poco los pesares del chico.

Summary

Clara and Ciara are twins who often argue about everything. This time, after Clara's son, Dylan, catches the flu, the two argue over which medical methods they think will cure him. While Clara is a proponent of medical science, due to the fact that she chose that as a career in college, Ciara prefers more home and natural remedies. This leads Ciara to give the boy some warm honey against his mother's wishes, which turns out to be a good idea as it calms the boy's sorrows a bit.

Preguntas

1.   ¿Cuántos años tenía Dylan?

1.   Tres años

2.   Cinco años

3.   Cuatro años

4.   Ocho año

5.   Siete años

2.   ¿De donde era la miel que tenía Ciara?

1.   Perú

2.   Argentina

3.   Colombia

4.   Brasil

5.   Paraguay

3.   ¿Por cuánto tiempo Ciara permanecía en la ciudad?

1.   Cuatro meses

2.   Cinco meses

3.   Seis meses

4.   Dieciocho meses

5.   Dos años

4. ¿Cómo se llamaba la abuela de las gemelas?

1. Idana

2. Juana

3. Berta

4. Nora

5. Beca

5. ¿Cuál de los osos era el más apreciado de Clara?

1. El purpura

2. El morado

3. El dorado

4. El azul

5. El verde

Respuestas

1) 4

2) 3

3) 1

4) 4

5) 3

Las Vacaciones de Nahuel

Todo un viaje para nada.

Así era como lo veía Nahuel.

Había hecho todo un viaje hacia Santa Carolina en autobús, lo que significaba unas doce horas en las rutas en una caja de sardinas con ruedas. Quería darle una sorpresa a su hermana, Juana, apareciéndole de improviso durante épocas festivas. La última navidad que pasaron juntos fue antes de que ella se fuera a la universidad en un país aledaño y ahora Nahuel tenía la oportunidad de cambiar eso después de haberse mudado a Los Vientos, ciudad cerca de la frontera entre ambos países. Por eso consiguió una habitación en uno de los hoteles de Santa Carolina antes de que se llenaran por completo debido a los vacacionistas, hizo sus maletas y partió en el primer autobús que consiguió en un recorrido que duro medio día.

Al llegar a Santa Carolina y dejar sus cosas en el hotel, Nahuel fue derecho a la dirección donde vivía su hermana. Para encontrarse con una puerta cerrada, las luces apagadas y la falta del vehículo que usaban ella y su prometido. Hizo una llamada rápida y descubrió que su hermana se encontraba en Los Andes. Una localidad muy alejada de Santa Carolina, visitando a uno de los primos de su marido debido a que ellos tenían una bonita casa de campo.

Derrotado y sin más planes que hacer, Nahuel intentó conseguir un boleto para volver a Los Vientos. Por desgracia, no salían más autobuses en esa dirección hasta que terminara el fin de semana. Y pagar un taxi saldría un ojo de la cara. Así que no le quedo más opción que sentarse contra una pared a esperar que el día pasara lo más rápido posible. Allí fue cuando una chica de rostro cubierto por pecas y de piel bronceada se le acercó para hacerle una pregunta.

—Usted no es de por aquí, ¿verdad?

Nahuel negó con la cabeza. La sonrisa de la muchacha se reflejó en la oscuridad de sus gafas de sol.

—Vengo de Los Vientos. Quería darle una visita sorpresa mi hermana. ¿Sabes que es chistoso? Yo fui el que se llevó una sorpresa. Resulta que ella se fue con el marido a visitar a un primo. Así que estoy varado aquí por algunos días, hasta que consiga un autobús que salga para Los Vientos de nuevo.

— ¿Y piensa pasar su estancia tomando sol contra un mural de Pablito Carrizo? Puede hacer mejores cosas que eso.

Nahuel se levantó para darse la vuelta y admirar el mural. No le había dado mucha importancia a la ilustración hasta que la chica se lo menciono. La imagen representaba un rostro barbudo, mirando hacia el horizonte con una expresión de seriedad. El fondo era de un azul oceánico y sobre el rostro se encontraban unos lentes con monturas gruesas donde se veía una fecha de nacimiento y otra de muerte.

— ¿Quién es?

—Un periodista de la localidad. Estuvo veinte años intentando descubrir acuerdos secretos entre empresas que tiraban sus desechos en nuestras playas. Ahora, gracias a él, los niños pueden nadar en aguas limpias sin que después tengan que hacerse quién sabe cuántos estudios médicos. Es un santo de la localidad. Y la verdad que sería toda una ofensa ante su memoria visitar esta linda ciudad sin ver las playas por la cual él lucho en el último tramo de su vida.

Nahuel largó una risa seca. Le parecía divertido ver el entusiasmo con el cual la chica hablaba sobre ese sujeto.

—Está bien, está bien. Me convenciste. Muéstrame la playa.

En parte se sentía algo cauteloso. Los Vientos era un lugar conocido por el robo de carteras, así que Nahuel ya tenía algo de experiencia detectando quienes podrían ser ladrones y quienes venían con buenas intenciones. También tomó en cuenta todo lo que le dijo su hermana sobre Santa Carolina, más que nada el hecho de que la mayor parte de la población era de buen corazón. Y todo el respeto que se le daba al mural de alguien que dedico su vida a hacer un cambio en ese lugar podía ser prueba irrefutable de ello. Además, Nahuel había dejado su billetera y celular en su habitación de hotel. Tan solo llevaba su identificación en un bolsillo junto con un poco de dinero por si el sol se volvía sofocante y le entraban ganas de comprar un refresco. Así que no tenía nada que perder en caso de que fuera una trampa. Y como no tenía nada más que hacer, además de esperar a que su hermana volviera de sorpresa, siguió a la muchacha por las calles de Santa Carolina, dejando atrás el centro de la ciudad para dirigirse a las playas levemente atestadas de vacacionistas buscando un buen bronceado.

—No es un mal lugar para pasar unas vacaciones divertidas. —comentó Nahuel.

La chica se volteó y le dio una sonrisa.

—Es mucho mejor en época de carnaval. El ambiente festivo es de lo mejor.

Ambos se adentraron en la arena, pasando por grupos de vacacionistas que disfrutaban de las festividades tomando sol y jugando en la playa. Nahuel casi se choca con un grupo de adolescentes teniendo un pequeño partido de voleibol. Ambos llegaron al agua, donde se mantuvieron viendo el océano mientras la marea les acariciaba los tobillos.

—Me recuerda a mi hermano. Es bastante parecido a él.

La respuesta tomó por sorpresa a Nahuel.

— ¿Y dónde está él ahora?

La chica se encogió de hombros.

—Desapareció hace algún tiempo. Dijo que quería ser como Carrizo. Quizás se metió en asuntos que no debía y por eso ya no lo he vuelto a ver.

— ¿Lo extrañas?

La chica pateo algo de arena. Una leve ventisca acaricio sus cabellos castaños.

—A veces. En especial cuando vengo a la playa.

La realización golpeo a Nahuel en la cara con la fuerza de una bola de nieve. Ya entendía porque la chica había sido tan amable con él.

—Gracias por dejarme verlo una última vez.

Todo un viaje por tan solo un hermoso momento.

Fin de la Historia

Resumen

Nahuel hizo un extenso viaje para visitar a su hermana, quien en realidad ya se había ido a otro lugar. Y como el viaje era sorpresa, Nahuel no tenía forma de contactarla para asegurarse de que ella estaría en su casa al llegar. Por lo cual debe quedarse esperando unos días hasta que pueda regresar a su ciudad. Durante esa espera es cuando conoce a una chica que le cuenta la historia de uno de los héroes locales y le ofrece mostrarle la playa. Nahuel acepta y una vez allí, la chica revela que él es idéntico a su hermano desaparecido.

Summary

Nahuel made an extended trip to visit his sister, who in reality had already gone somewhere else. And since the trip was a surprise, Nahuel had no way of contacting her to make sure she would be home when he arrived. So he has to wait a few days until he can return to his hometown. During that wait is when he meets a girl who tells him the story of one of the local heroes and offers to show him the beach. Nahuel accepts and once there, the girl reveals that he is identical to his missing brother.

Preguntas

1. ¿De dónde provenía Nahuel?

1. Los Gigantes

2. Los Remolinos

3. Los Vientos

4. Los Mares

5. Los Montes

2. ¿A dónde llevo la chica a Nahuel?

1. Al cine

2. A la playa

3. Al campo

4. Al centro

5. A la catedral

3. ¿Qué estaba representado en el mural donde estaba Nahuel?

1. Un periodista

2. Un espejo

3. Un tigre

4. Un barco

5. Un guerrero

4.   ¿Contra quienes se choca Nahuel?

1.   Contra ancianos

2.   Contra niños

3.   Contra una familia

4.   Contra un grupo de adolescentes

5.   Contra una manada de perros

5.   ¿Qué llevaba Nahuel en sus bolsillos?

1.   Su celular

2.   Sus llaves

3.   Su pasaporte

4.   Su identificación y un poco de dinero

5.   Un mapa del tesoro

Respuestas

1)   3

2)   2

3)   1

4)   4

5)   4

El Paseo de Ariana

Suyo, por fin el auto era todo suyo.

Después de meses de espera, Ariana por fin pudo sacar a pasear su nuevo auto eléctrico. Un vehículo de color negro, con mucho más espacio en su interior que uno a combustible, debido a que no tenía caja de marchas y el motor era compacto y pequeño. Ariana ya lo había probado antes, cuando lo vio en la agencia de autos, pero su hermano no y por eso quedó sorprendido al ver lo cómodo que podía ser un auto de ese tipo.

—Es más grande que tu camioneta. —le dijo Ariana.

Su hermano respondió encogiéndose de hombros.

Los hermanos estaban paseando por el vecindario, Ariana quería probarlo bien antes de sacarlo por el resto de la ciudad y sus alrededores. Tampoco quería llegar a sus límites antes de tiempo, ya que estaba precavida en ese tipo de temas y sabía que la autonomía media de un coche eléctrico es de unos 200 km

—Me sigo preguntando por qué te compraste un auto a baterías. Estabas bien con el convertible blanco que tenías. A mí me gustaba.

—Pues a mí no. Esa cosa hacía mucho ruido y ya me estaba enloqueciendo tener que llevarlo a un mecánico con tanta frecuencia. A veces ese auto temblaba como gelatina y yo pensaba que se caería a pedazos en medio de la ruta, como si fuera una caricatura.

— ¿Y por eso te elegiste un auto que se carga enchufándolo en la pared? Hubiera sido más fácil comprarse algún usado, o ahorrar el dinero suficiente para algún 0km.

Ariana sonrío al ver que su hermano se comportaba tal cual ella lo había predicho. Eran como perros y gatos, se ponían de acuerdo en pocos temas. Si ella iba por la izquierda, él se iría por la derecha solo porque era su naturaleza llevarle la contraria.

—No produce contaminación atmosférica. ¿Sabes el daño que le hemos hecho a la tierra al usar tantos combustibles fósiles? Este es el futuro, hermanito. Ya te lo digo. La gasolina algún día se agotara, no hay suficiente para una eternidad. Mientras que la electricidad se puede conseguir de energías renovables, como la solar, la eólica o la mareomotriz en el caso de la zona costera, entre otras.

Ariana se pasó todo un verano aprendiendo sobre el cambio climático y la contaminación del planeta. Así comenzaban sus obsesiones: Con una pizca de curiosidad, que de a poco se convertía en la pólvora que estallaba en fuegos artificiales que cubrían todo el cielo. Gastón se masajeó los ojos al entender que se trataba de otra de esas obsesiones. La primera vez que algo engancho así de fuerte a su hermana fue cuando quiso ser una joven chef de trece años. Al menos una vez por semana convertía la cocina de la casa en un desastre y se anotó en varios concursos, de los cuales ganó ninguno, hasta que a los quince años cambio de afición por la natación. Por un tiempo estuvo bien, ya que se consideraba que tener una fijación por el deporte era algo sano y solo le traería buenos frutos a una chica como ella durante sus años de formación antes de entrar en la adultez. Pero eso no duro eternamente, ya que a los diecinueve se decidió por ser misionera, sorprendiendo a toda su familia cuando de la nada se subió a un avión con destino a África, donde estuvo un par de años construyendo casas en las zonas más pobres del país.

Su hermano pensó que al pisar los treinta, y siendo dueña de su propio negocio de velas aromáticas, esos arrancones de ideas se le acabarían de una buena vez. Y se terminó equivocando. Lo supo cuando su hermana le pidió un aventón al volver a la ciudad después de su inesperado retiro aprendiendo sobre cómo cuidar mejor a la naturaleza, resulta que Ariana estuvo unas semanas en las playas de Brasil juntando residuos plásticos y todas las botellas y latas que se pudiera encontrar en la arena. Al regresar a su casa, ella se instruyó en el tema de los vehículos ecológicos y durante algunos meses hizo los preparativos adecuados para dejar de vivir de la gasolina.

— ¿Cuánto te costó este proyecto personal tuyo?—preguntó su hermano. El auto doblaba en la esquina donde solía estar el viejo almacén de su padre y se sintió algo nostálgico.

—Descuida, pedí un par de préstamos en el banco.

— ¿Un par?—La falta de una cifra en concreto creaba algo de pánico en la mente de Gastón.

—Lo necesario para acomodar el garaje y los primeros pagos del auto. Nada de otro mundo.

Ariana estuvo varios meses remodelando el garaje de su casa para que sirviera como estación de recarga para su nuevo vehículo. Un trabajo que consumió tiempo y recursos, además de bastante dinero, pero ella creía que a finales de cuentas lo valía. Estaba harta de las largas filas para cargar combustible que solían aparecer durante hora pico, antes de que ella tuviera que hacer un largo viaje de negocios usando la carretera. En una ocasión vio una pelea entre un trabajador del lugar y un sujeto enojado que se quejaba por la subida en el precio del combustible, ese acto de salvajismo fue la gota que rebalsó el vaso.

— ¿Y dónde le cargas la batería si estás lejos de casa? Conozco tres gasolineras en la ciudad y también una cuarta en la ruta. Pero no hay un punto donde uno pueda recargar un auto eléctrico, al menos ninguno que yo conozca.

—La municipalidad empezó un proyecto para poner algunos puntos de recarga en la ciudad. Es toda una cuestión de tiempo para que se vuelvan comunes. En otros países ya están rivalizando con las gasolineras.

—Lo dudo. —replicó Gastón. Aun así, era innegable el hecho de que admiraba en silencio como su hermana tenía una voluntad de acero con cada proyecto que ella llevaba a cabo. Por eso la ayudo cada vez que ella salía a pasear en su nuevo auto.

Y ella se lo agradecía con una sonrisa.

Fin de la Historia

Resumen

Ariana decidió hacer un cambio y vendió su auto que funcionaba a combustible fósil por uno eléctrico. Su hermano Gastón duda que haya sido una buena idea pero sabe que su hermana es una mujer determinada, que sigue sus ideas hasta que descubre una nueva pasión. Ambos se ponen a discutir de manera amistosa sobre los beneficios y desventajas de tener un auto eléctrico durante el primer paseo que dan en el nuevo vehículo. Y, aunque no llegan a un mutuo acuerdo, ambos siguen manteniendo ese lazo de cariño entre hermanos.

Summary

Ariana decided to make a change and sold her fossil fuel car for an electric one. Her brother Gaston doubts it was a good idea but knows that his sister is a determined woman, who follows her ideas until she discovers a new passion. The two get into a friendly discussion about the benefits and disadvantages of having an electric car during the first ride they take in the new vehicle. And, although they don't reach a mutual agreement, they both still maintain that sibling bond of affection.

Preguntas

1. ¿Cuál fue la primera obsesión de Ariana?

1. Ser astronauta

2. Ser chef

3. Ser reportera

4. Ser cazadora

5. Ser vaga

2. ¿Cuánto tiempo se pasó Ariana aprendiendo sobre el cambio climático?

1. Todo un verano

2. Todo un invierno

3. Toda una década

4. Toda una vida

5. Todo un mes

3. ¿En que se basaba el negocio de Ariana?

1. Masajes

2. Pinturas

3. Conciertos

4. Velas aromáticas

5. Autos usados

4. **¿Cuántas gasolineras había en la ciudad?**

1. Una

2. Dos

3. Tres

4. Cuatro

5. Siete

5. **¿Qué propósito tenían las remodelaciones del garaje de Ariana?**

1. Para ser un kiosco

2. Para ser un gimnasio

3. Para ser una estación de recarga

4. Para ser un almacén

5. Para ser una despensa

Respuesta

1) 2

2) 1

3) 4

4) 3

5) 3

La Decisión de Charly

La encontró viendo hacia el horizonte, perdida en sus pensamientos.

Charly provenía de un pueblito en el norte, llamado Santa León, y Oscar la conocía desde que tenían cinco años, debido a que sus tíos vivían allí y sus padres viajaban a visitarlos con mucha frecuencia durante los veranos. Oscar vio a una niña con el rostro pecoso jugando cerca de un terreno baldío y ese choque de miradas se convirtió en una amistad inquebrantable hasta la fecha.

Por eso sabia reconocer las señales cuando algo le disgustaba a Charly pero se negaba a decirlo, ya que creía que podría ser una molestia para otros.

Charly llevaba en la ciudad de Pentecoz menos de una semana y Oscar pensó que ella se podría adaptar con facilidad a su nuevo ambiente, debido a que la chica solía afrontar los problemas con una sonrisa. Recordaba muy bien las veces que ella se había preparado su propio kit de cazadora de brujas cuando comenzaron a correr rumores en Santa León sobre una bruja llevándose el ganado. Resultaba que tan solo se trataba de adolescentes jugándoles una broma a los granjeros y la policía local logro recuperar a los animales.

Ella llego a la gran ciudad el tres de septiembre y sus ánimos estaban por las nubes, pero gradualmente se volvió más melancólica al pasar los días. Y cada vez se quedaba más tiempo en la azotea del edificio de apartamentos donde vivía ella con su padre.

Allí fue donde la encontró esa noche, viendo hacia el horizonte mientras una fresca brisa acariciaba sus cabellos anaranjados.

— ¿Qué sucede?—preguntó Oscar, sorprendiendo a su amiga.

—Mi pa quería que venga a vivir con él a la ciudad. Mi ma dijo que quizás estaba en lo correcto. Pero la verdad que me ha decepcionado un poco el panorama.

— ¿Por qué lo dices?—Preguntó Oscar.

—Está todo tan desconectado. En el pueblo me sabía los nombres de todos, aquí de suerte me sé el nombre de alguno de nuestros vecinos. Quizás darle las gracias al repartidor de pizzas y se enojó porque le estaba agradeciendo con palabras y no con dinero. También una de las señoras de nuestro piso se enojó cuando encontré a su gato saltando por los balcones y se lo lleve. Todo el mundo en la gran ciudad está ocupado pensando en sí mismo y eso los vuelve miserables.

—Estás siendo un poco dura y cínica. Esta no eres tú.

Charly soltó un suspiro y después una risa ahogada.

—Ahora resulta que este lugar también me está cambiando.

—Es un cambio de panorama muy grande, date algo de tiempo para acostumbrarte. Ya verás que vivir en un lugar así también tiene sus ventajas.

— ¿Cómo cuáles?

—Las razones por las cuales tus padres querían que vinieras a vivir aquí. Una mejor educación. ¿Crees que habrías podido aprender sobre psicología si te hubieras quedado en el pueblo?

Charly se encogió de hombros.

—Quizás por la computadora. —Había algo de dudas en las palabras de Charly.

—No sería suficiente. Era necesario que vinieras a la universidad de manera presencial si es que quieres lograr tus metas.

La chica no respondió.

Oscar decidió intentar una táctica distinta para hacerle entender a su amiga que no todo era color gris.

—Dime: ¿Qué vez?

Charly se asomó por la terraza y vio miles de luces iluminando la noche. Edificios, vehículos, techos y ventanas, incluso personas diminutas caminando por la acera. Todo un organismo viviendo en esa jungla de concreto que ella comenzaba a detestar.

—Muchas luces.

—Dices que en el pueblo conocías a todos pero aquí no conoces a nadie. ¿Sabes lo que pienso yo al respecto? Que entonces cada persona con la que te cruces aquí podría ser una caja de sorpresas. Una oportunidad única para conocer a alguien nuevo. Quizás alguien que te vuele la mente. Esas luces son cada una de esas oportunidades.

—Exageras. —respondió Charley.

—Claro que no. ¿Quieres ver algo que tenga alma? Entonces ven conmigo mañana a ver las pinturas de Sefran. Creo que es lo que buscas: Color, esperanza. Lo que necesitas para levantarte el ánimo. Te prometo que los malos pensamientos que tienes sobre Pentecoz se esfumaran.

—Lo dudo pero esta bien.

A la mañana siguiente fueron a la exhibición de Gustavo Sefran, donde Charly vio con ojos curiosos cada una de las pinturas representadas. Algunas, como la de un hombre herido sujetando a un niño en medio de la revolución francesa, le parecieron macabras. Mientras que otras, como la representación de una pequeña niña pintando un mural de flores, conmocionaba a Charly de una manera emotiva. Cada lienzo transmitía emociones que ella creía perdidas en un lugar donde faltaba corazón. Antes solo veía a la gente de la ciudad como personas faltos de color, quienes solo seguían una rutina aburrida para continuar con sus simples vidas y llenar sus cuentas de ahorro con dinero que no podrían gastar como quisieran.

Los siguientes días hizo el esfuerzo para levantar la mala primera impresión que había obtenido, saludando más seguido a las personas para darse cuenta que la mayoría respondía con una sonrisa. Estaban más ocupadas que las personas de su vieja ciudad, eso sí, pero no quitaba el hecho de que siguieran siendo gente de bien. Hasta logro conseguir un par de buenas charlas con la vecina que había perdido su gato. La mujer le explico que las últimas semanas no habían sido buenas para ella, y eso la ponía de mal humor en los peores momentos. Se disculpó y le agradeció a Charly por encontrar su gato, además de decirle que si alguna vez necesitaba algo solo sería necesario pedírselo.

Esa vista más positiva le trajo buenos resultados al iniciar la universidad, logrando grandes amistades debido a la curiosidad que algunos tomaban al saber que ella provenía del norte. Oscar sonreía cada vez que alguien notaba el acento de su amiga y se acercaba para hacerle algunas preguntas al respecto.

Era una señal de que todo iba a salirle bien a la chica del campo.

Fin de la Historia

Resumen

Charly ha vivido en un pequeño pueblo toda su vida, hasta que un día sus padres deciden mandarla a la gran ciudad para que tengas mejores oportunidades académicas. Una vez allí, ella comienza a ver solo lo negativo de vivir en una metrópolis, sintiendo que vivir en un lugar tranquilo como el campo tiene más ventajas. Su mejor amigo, Oscar, toma la tarea de demostrar que también se puede encontrar belleza en un lugar tan agitado como la gran ciudad. La convence de ir juntos a una exhibición de arte y Charly termina encontrando la belleza que creía perdida.

Summary

Charly has lived in a small town all her life, until one day her parents decide to send her to the big city for better academic opportunities. Once there, she begins to see only the negatives of living in a metropolis, feeling that living in a quiet place like the countryside has more advantages. Her best friend, Oscar, takes on the task of proving that beauty can also be found in a place as hectic as the big city. He convinces her to go to an art exhibition together and Charly ends up finding the beauty she thought she had lost.

Preguntas

1. ¿De dónde provenía Charly?

1. Santa Claus

2. Santa Remo

3. Santa Anita

4. Santa Cruz

5. Santa León

2. ¿De quién era la exhibición de arte?

1. Gustavo Sefran

2. Gustavo Cebra

3. Guzmán Sefran

4. Guzmán Esteves

5. Sefran Gus

3. ¿Qué había preparado Charly cuando era niña?

1. Un kit de natación

2. Un kit de cazadora de brujas

3. Un kit de reparación de bicicletas

4. Un equipo de té

5. Un puesto de limonada

4. **¿Qué día llego Charly a la gran ciudad?**

1. Uno de septiembre

2. Tres de septiembre

3. Tres de noviembre

4. Tres de octubre

5. Tres de enero

5. **¿Qué encontró Charly en el edificio donde vivía?**

1. Un gato

2. Un caballo

3. Un perro

4. Un canario

5. Una iguana

Respuestas

1) 5

2) 1

3) 2

4) 2

5) 1

La Plegaria de Vanessa

"Ha sucedido un accidente. Mi familia necesita su ayuda."

Así empezaba cada mensaje que dejaban los miembros de la familia Reinoso en sus respectivas redes sociales. La más joven de la familia, Vanessa, también pidió por mensaje si alguien conocía a donadores que tuvieran el tipo de sangre OB. Una de las más raras de la región. Era debido a que su hermano, Mario, tuvo un accidente en moto y durante el hecho terminó perdiendo demasiada sangre antes de poder ser llevado al hospital San Benítez, localidad donde también nació y a su familia le daba miedo que fuera donde iba a morir.

Resulta que él estaba cruzando un semáforo en verde cuando una camioneta a toda velocidad se estrelló contra su moto, mandando a volar al motociclista en un horrible accidente. Los doctores lograron ponerlo en una situación estable, pero le advirtieron a su familia que podría haber percances debido a la pérdida de sangre. Su padre fue el primero en pedir que le sacaran sangre, pero por desgracia era de clasificación B, por lo cual no era compatible con lo que necesitaba Mario.

—Puede suceder que el sistema inmunitario ataque a los glóbulos rojos transfundidos porque el grupo sanguíneo del donante no coincide con el del receptor. Y las células atacadas liberan una sustancia en la sangre que daña los riñones. Significa que tendríamos más complicaciones con su ya complejo estado. —fue la respuesta que dio el doctor Lerner cuando le preguntaron qué riesgos podría traer una transfusión que no sea compatible.

Mauricio, el padre del hospitalizado, golpeo una de las paredes del hospital debido a la rabia que sentía. Algo que alerto al resto de su familia, debido a que Mauricio era un hombre calmado, de porte algo torpe, y verlo en ese estado de furia contenida era como ver un cometa caer por el cielo. Claudia, su mujer, contacto a cuanto familiar pudiera llamar en las doce horas que le siguieron al incidente. Algunos primos respondieron, pero por desgracia ninguno era compatible.

En el hospital le dijeron que la lista de espera de donadores era demasiado larga como para esperar a que le tocara a Mario, allí fue cuando Vanessa empezó a hacer campaña en redes sociales, buscando quien pudiera ser un buen samaritano y ayudar a su hermano. La búsqueda en un principio no tuvo tan buenos resultados, pero sí pudo ponerse en contacto que gente que paso por situaciones iguales.

Una chica de una ciudad aledaña le contó como ella misma estuvo al borde de la muerte, debido a que necesitaba un trasplante de hígado, y que al último momento encontraron uno compatible debido a un donador que apareció de la nada. Una historia que ayudo a que Vanessa tuviera fe en que su hermano podría recomponerse, mientras ella siguiera buscando a un donador apto para la tarea y que también Mario no se rindiera al estar entubado y conectado a varias máquinas.

Otra persona, esta vez un hombre de unos cincuenta años, le contó a Vanessa que el cuerpo humano era fuerte ante las adversidades. Su hija, cuando tenía tan solo diez años, había quedado en terapia intensiva mientras esperaba un trasplante de corazón, gracias a una condición de nacimiento que era como una bomba de tiempo según los doctores. La chica permaneció en espera por semanas, mientras sus padres creían que ella no lo iba a lograr hasta que consiguieran un donador para la enorme tarea.

—Ahora ella tiene veintisiete años y se está por graduar de la facultad de medicina. Si mi pequeña no se rindió en aquel entonces, dudo mucho que tu hermano lo haga ahora. Mantén la cabeza en alto. Todo se puede.

Fueron las líneas finales de un mensaje que hizo llorar a Vanessa. Eso la impulso a seguir en sus esfuerzos por encontrar donadores. Puso anuncios en los periódicos locales, en caso de que pudiera encontrar alguno allí, y subió videos en sus redes suplicando por alguien que pudiera tener sangre OB. Su tío, que trabaja en una radio local, también logro transmitir un mensaje durante el mediodía por un par de días.

La familia no perdió las esperanzas y sus plegarias fueron escuchadas el día que les notificaron de la aparición de gente con sangre compatible.

Tres donadores aparecieron ocho días después del accidente. Una era una señora que vivía en un poblado cercano. Era ciega y necesitaba que su nieto la guiara hacia todas partes. Fue su idea dar su sangre.

—Mi marido murió trabajando en una construcción y donó todos sus órganos sanos como buena persona que era. Lo mínimo que puedo hacer para pararme en su sombra es ayudar a un joven necesitado. —fue la explicación que la anciana le dio la familia Reinoso.

El siguiente en aparecer era un taxista que escucho el anuncio por la radio. No tenía muchas razones para hacerlo, simplemente deseaba contribuir para que alguien pudiera continuar viviendo. Un acto desinteresado que se ganó un apretón de mano y un abrazo de parte de Mauricio.

La tercera persona fue uno de los compañeros de básquet de Mario. El chico se había hecho análisis de sangre recientemente y fue toda una sorpresa recordar que era del tipo OB, perfecta para poder ayudar a su compañero de equipo fuera de la cancha.

Gracias a esos actos de bondad, Mario obtuvo las transfusiones que necesitaba y su condición mejoro con lentitud, hasta que llego el hermoso día donde pudo salir de su cama de hospital para lentamente volver a la rutina diaria. Aunque tardaría meses en volver a subirse a su motocicleta, debido al miedo que había creado el accidente.

Vanessa le ayudo a recuperarse de a poco, primero montando en bicicleta para que pudiera combatir los traumas dejados por el horrible incidente. Mario inicio con ruedas de entrenamiento para después pasar a pasear sin ellas. Semanas después, tuvo el valor suficiente para volver a montarse en su moto. Dejando atrás el accidente para que se vuelva tan solo una mala memoria.

Fin de la Historia

Resumen

Mario sufrió un accidente en motocicleta que lo dejo en muy mal estado debido a una enorme pérdida de sangre, por lo cual necesitaba de transfusiones urgentes que no pudieron hacerse de inmediato. La razón era que su sangre era de un grupo raro y ninguno de los integrantes de su familia era compatibles. Por lo cual fue necesario hacer una pequeña campaña en todos los medios posibles para buscar donares. Su hermana, Vanessa, llego a ponerse en contacto con gente que le conto sus respectivas historias para no perder las esperanzas. Y finalmente, aparecieron donadores.

Summary

Mario suffered a motorcycle accident that left him in a very bad condition due to a huge blood loss, so he needed urgent transfusions that could not be done immediately. The reason was that his blood was of a rare group and none of his family members were compatible. Therefore, it was necessary to make a small campaign in all possible media to look for donors. Her sister, Vanessa, got in touch with people who told her their respective stories so as not to lose hope. And finally, donors appeared.

Preguntas

1. **¿Cuántos donadores aparecieron después de una semana?**

1. Ocho
2. Cuatro
3. Siete
4. Dos
5. Tres

2. **¿Qué tipo de sangre tenia Mario?**

1. A
2. B
3. OB
4. Z
5. K

3. **¿Qué profesión tenía el segundo donador?**

1. Taxista
2. Bombero
3. Camarero
4. Licenciado
5. Juez

4. **¿A qué hospital fue llevado Mario?**

1. San Lorenzo

2. San Quilmes

3. San Benítez

4. San Telmo

5. San Cruz

5. **¿Dónde trabajaba el tío de Mario y Vanessa?**

1. En una televisora

2. En una página web

3. En un diario local

4. En una radio

5. En una estación de servicio

Respuestas

1) 5

2) 3

3) 1

4) 3

5) 4

Regresando a casa

Era el día más importante y por eso era necesario que la casa reluciera de limpio.

A Paco lo pusieron a limpiar su habitación mientras que su madre trapeaba el piso de la casa. Su padre no estaba allí, él había ido a buscar a Cesar. El hijo mayor de la casa había terminado sus cuatro años de alistamiento en el ejército, un desafío personal que Cesar se impuso poco después de cumplir los dieciocho. Paco estaba cerca de los dieciséis y se proponía hacer lo mismo una vez llegada a la mayoría de edad. Era una especie de tradición en la familia desde que su bisabuelo llegó al rango de teniente. Al menos un año de servicio militar era necesario para no ser una deshonra para el resto de los integrantes. Una práctica que le parecía algo peligrosa a su madre, Juliana, pero se guardaba las quejas para sí misma.

El viejo auto familiar llego un poco antes del mediodía, justo a tiempo para el almuerzo. Paco y su madre salieron para recibir a Cesar con un abrazo. Cuando él se marchó de casa, cuatro años atrás, tenía una larga cabellera negra. Ahora la había reemplazado por un corte militar junto con un fuerte bronceado. También estaba más alto y flaco. Su tiempo en las fuerzas armadas lo habían transformado. Y su ausencia también transformo al vecindario. Su madre le contó con calma como la mayoría de sus amigos se mudaron a otros lugares, convirtiendo a Cesar en el único que quedaba del viejo grupo de adolescentes que solían pasear por el barrio.

—Así es la vida. —fue la respuesta de Cesar. Se podía notar algo de tristeza en su voz. — ¿Qué hay de comer? Me muero de hambre. Mi última cena fueron unos fideos secos, no quedaba nada para hacer una salsa.

La familia, ahora de vuelta a estar completa, se sentó alrededor de la mesa para recibir al hijo mayor de la casa.

— ¿Y qué tal? ¿Cómo es el ejército?—preguntó su hermanito mientras le pasaba los tomates cortados en rodajas. Su madre preparó un delicioso pollo a las brasas, cubierto de especias que le daba un poco de picor al sabor. El padre prácticamente estaba salivando al ver al ave horneada y sus jugosos muslos.

Cesar se encogió de hombros y su padre se rio con tantas ganas que tuvo que tomar algo de agua para no quedar con la garganta seca.

—Uno piensa que será como en las películas: Te enlistas, te enseñan a manejar un arma y vas a un país extranjero a matar a los malos. La verdad que eso es una fantasía infantil. Te adiestran en el uso de armas, por supuesto. Pero no esperes entrar en combate pronto, a menos que haya una guerra que nos involucre. Y créeme, sería mejor que eso jamás sucediera. Todo lo que nos enseñan sobre el conflicto es horrible, mejor que esos políticos en la capital no sean tarados y causen líos con otras naciones.

—Mejor así. No sé qué haría si me entero que a alguno de ustedes los llegan a mandar a la guerra. Prefiero ser madre de alguien que se pasa lavando vehículos en vez de tener que visitar una tumba en el cementerio de los héroes. —dijo su madre.

— ¿Entonces qué tipo de trabajos te asignaban?—preguntó su padre.

—Pues me tocaba hacer guardias alrededor de los edificios más importantes o las casetas de peaje para asegurarme que solo personal autorizado ingresara en terreno prohibido. También hacíamos mucha limpieza. Los baños tenían que estar prístinos y los caminos alrededor de la base debían permanecer libres de malezas.

—Me hubieras avisado así no limpiaba los baños. De esa manera me enseñabas si en ese lugar saben limpiar los baños y quedan hechos unos chiqueros. —comentó su madre, causando risas alrededor de la mesa. Era todo un alivio volver a ver a la familia reunida después de casi media década con una pieza faltante.

Al terminar el almuerzo y limpiar tanto la mesa como los platos, Cesar se dedicó a descansar un poco en su viejo cuarto. Tenía planeado buscarse un lugar propio en el centro, pero de momento quería pasar tiempo con su familia.

Cesar se levantaba cada mañana alrededor de las 5am sin la necesidad de una alarma. Se vestía, hacia unos ejercicios de calentamiento y salía a trotar por el vecindario. Su hermanito empezó a acompañarlo después de la primera semana.

—A nosotros nos hacían correr alrededor del perímetro de la base cada dos días. Para que tengas una idea: Las cuatro manzanas que conforman el vecindario vendría a ser solo un tercio de todo el recorrido que nos obligaban a hacer. —le comentó Cesar a Paco una vez que pararon para tomar algo de aire y agua. A su hermano menor le costó un poco seguir la rutina de su hermano, y eso que Paco jugaba al futbol en un club local de ligas menores, Los Tiburones. Los pulmones de su hermano Cesar estaban mucho más entrenados que los suyos.

— ¿Cómo fue que aguantaste tanto?—preguntó Paco antes de beberse una botella de agua de un solo trago, logrando con torpeza que un poco del líquido manchara su impoluta camisa.

Se hermano se río antes de pasarle una toalla.

—El verdadero entrenamiento está aquí. —Cesar se tocó la sien con el dedo índice. —Te enseñan a mantener la calma en situaciones de riesgo. Una mente fría puede salvarte de cometer decisiones erróneas en momentos importantes, tanto si son de vida o muerte como si son cosas menores, como identificar cual camino es más adecuado para tu pelotón cuando te toca estar al mando.

Esa mañana Paco entendió el gran cambio que resulto en la mente de su hermano después de su paso por el ejército. Lo físico era lo de menos, lo importante estaba en cuanto logro madurar como persona y como eso se notaba en sus palabras. Volviéndose uno de sus héroes y su razón para seguir con la tradición familiar cuando fuera su turno de enlistarse.

Fin de la Historia

Resumen

Cesar es el más reciente miembro en su familia en completar por lo menos un año de servicio militar. En su caso fueron cuatro y decidió que ya era hora de volver a casa. Una vez allí, sus padres y su hermano menor le preguntan sobre la vida en el ejército y él les contesta que no es para nada glamorosa. Aun así, Paco, su hermano, logra notar tiempo después que todo ese tiempo de servicio le ayudo a Cesar a ser una mejor versión de sí mismo, destacando su nueva capacidad para resolver rápidamente algunos asuntos.

Summary

Cesar is the most recent member of his family to complete at least one year of military service. In his case, it was four and he decided it was time to come home. Once there, his parents and younger brother ask him about life in the military and he tells them it's not glamorous at all. Even so, Paco, his brother, manages to notice later that all that time in the service helped Cesar become a better version of himself, highlighting his new ability to solve some issues quickly.

Preguntas

1. ¿Cuántos años estuvo Cesar en el ejército?

1. Cuatro años

2. Cinco años

3. Un año

4. Diez años

5. Siete años

2. ¿Qué fue lo que preparo su madre para recibirlo?

1. Estofado de papas

2. Carne al horno

3. Hamburguesas

4. Pollo a las brasas

5. Pidió pizza

3. ¿Qué tareas hacia Cesar en el ejército?

1. Cuidaba material confidencial

2. Reparaba vehículos

3. Hacia guardias y trabajos de limpieza

4. Construía barricadas

5. Se encargaba de la cocina.

4. **¿Cada cuánto los hacían correr alrededor de la base?**

1. Cada dos días

2. Cada día

3. Cada cuatro días

4. Cada quince días

5. Cada fin de semana

5. **¿Qué miembro de su familia llego al rango de teniente?**

1. Su padre

2. Su madre

3. Su abuela

4. Su tío

5. Su bisabuelo

Respuestas

1) 1

2) 4

3) 3

4) 1

5) 5

La Lección de Ramón

Esa misma mañana le habían dado el aviso. Comenzaba esa semana.

Un mensaje que había estado en la mente de Ramón Tabero durante las horas de clases que tuvo desde la mañana hasta el atardecer. Después de un año concentrándose puramente en sus estudios de psicología, él se decidió a ponerse a trabajar en la misma empresa de recolección de residuos que su padre. Algo que era una especie de tradición en la familia, debido a que su tío y su abuelo también estaban en el mismo plantel de la empresa.

El hogar de los Tabero era un pequeño apartamento en uno de los edificios recubiertos por grafitis que había por el centro de la ciudad. En cualquier otra casa, el cuarto de Ramón sería más bien un lugar para guardar escobas, pero él jamás se quejó. Sabia cuanto esfuerzo hizo, y seguía haciendo, su padre para mantener un techo sobre sus cabezas.

Al entrar en su habitación, se encontró con Tadeo, su padre, sentado en su cama.

—Hola. —Saludó Ramón. — ¿Pasa algo?

—Hola hijo. No, nada. Solo quería ver tu reacción. Lo pase a buscar yo mismo.

Sobre la cama se encontraba un uniforme verde, de empleado de recolección de basura. Ramón sabía que le quedaría perfecto porque le habían tomado sus medidas el día que firmó el contrato con la empresa para un puesto de tiempo completo.

—Quiero que entiendas lo que esto significa. —Añadió Tadeo. —Es tu verdadero paso a la adultez. Te estas metiendo de cabeza en el mundo del empleo. Es una lucha constante por subir una colina, te lo diré sin pelos en la lengua ya que eres un hombre, no un niño.

—Lo entiendo, papá. —Murmuró Ramón. Su amigos le habían dicho algo igual, y también le advirtieron que tendría mucho peso sobre sus hombros al continuar su carreara de psicología en la universidad.

—Quizás lo entiendas pero igualmente te lo tengo que decir, ese es el trabajo de un padre. Habrá días donde no vas a querer levantarte de la cama y tendrás que hacerlo igualmente. Las faltas aquí no son como en el colegio, tendrán un peso enorme y no vas a querer que se acumulen porque ahí sí que te van a echar de patas a la calle. En esos días te preguntaras a ti mismo: ¿Vale la pena seguir? Y tendrás que hacerle caso a esa voz que diga "Si, lo vale." Al menos por algún tiempo, hasta que tengas la experiencia necesaria para buscarte algo mejor. Sé que te estoy pidiendo mucho pero es por tu bien. Balancear un trabajo a tiempo completo con la universidad será el reto más difícil que tendrás en tu vida, hasta ahora. Pero quiero creer que crie a un muchacho que no se rinde cuando lo tienen contra las cuerdas. ¿No es así?

—Sí señor. —Ramón asintió mientras una lágrima bajaba por sus mejillas. Se trataba de un momento importante en su vida, que solo tenía como espectador al hombre que él veía como su ídolo. Su plan era trabajar en la empresa por unos años, amasando a fuego lento una pequeña fortuna personal para así poder mudarse a su propia casa. Originalmente tenía pensado ayudar en la casa con la despensa y la factura de la luz, pero su madre, que trabajaba de maestra, fue muy directa al negarse a ese deseo.

—Es tu dinero y lo usaras para darte una buena vida, ¿Entendido? No quiero peros. No hicimos tanto sacrificios para terminar siendo un lastre a tu alrededor. —fueron las palabras de Mariela la primera vez que su hijo se calzo el uniforme y le explico que podría darles un poco de su futuro sueldo para ayudar en la casa. Ramón aceptó sus palabras con una sonrisa. Conocía la personalidad orgullosa y trabajadora de su madre, la cual no aceptaría algo que no estuviera ya en sus planes, así que solo le quedaba aceptar lo que ella le decía.

Su primera semana en el trabajo no fue para nada fácil. Le tocaba seguir el camión de recolección a pie, trotando detrás del vehículo mientras levantaba las bolsas de basura que se encontraban en cestos, canastos y algunas veces acumuladas en las esquinas.

El cansancio se acumulaba con el tiempo, cumpliendo la profecía dicha por su padre: Ramón deseo tirar la toalla en muchas ocasiones. Se sentaba en el borde de su cama tras un largo día en el trabajo, con todo el sol pegándole en el cuello, para después tener que afrontar el horario de clases nocturnas que se le había asignado en la facultad de psicología. Esa fue la época donde encontró muchísimas canas en su cabello, una señal de que quizás debería tirar la toalla.

Pero decidió perseverar. Haciendo el enorme esfuerzo para balancear su vida laboral con la personal. Cada noche hacia malabares con sus apuntes y cuadernillos, mientras que al mismo tiempo planchaba su uniforme para la jornada del día siguiente. Uno de sus pasos más importantes para lograr el balance fue conseguir las suficientes horas de sueño. Una mente descansada era igual a una mente lista para hacerle frente al mundo.

La rutina se hizo más pasajera con los meses y Ramón aprendió mucho de la experiencia. Las amistades que formó en el trabajo le ayudaron a entender un poco más el mundo laboral, consiguiéndole contactos que podían darle mejores empleos a un joven que quería llenar su currículo con trabajos como si de medallas de honor se tratasen.

En los siguientes cuatro años estuvo saltando de trabajo en trabajo, desde peón de construcción hasta trabajador de supermercado. Aprendiendo los secretos de varios oficios al mismo tiempo que llenaba su lista de contactos con nombres que podían abrirle aún mejores puertas. Aunque esas mejores oportunidades también llevaban a tareas más arduas, tal vez no de manera física como en sus trabajos iniciales pero si tenían un buen peso en su mente.

Su meta era poder ver a su padre algún día y decirle unas simples palabras:

Si, lo valió.

Fin de la Historia

Resumen

Ramón es un joven que decide tomar una decisión que cambia su vida: Comenzar a trabajar de manera seria, empezando por el negocio familiar que es la recolección de basura. El día que recibe su uniforme, su padre le da una charla que le marca su manera de pensar, diciéndole que habrá veces donde se querrá rendir pero que solo prosperan aquellos que no tiran la toalla. A finales de cuenta, si hubo días en los cuales él se quiso rendir. Pero mantuvo la cabeza en alto para algún día poder decirle a su padre que pudo lograrlo.

Summary

Ramón is a young man who decides to make a life-changing decision: to start working in a serious way, beginning with the family business of garbage collection. The day he receives his uniform, his father gives him a talk that marks his way of thinking, telling him that there will be times when he will want to give up but that only those who do not throw in the towel prosper. In the end, there were days when he did want to give up. But he kept his head up so that someday he could tell his father that he was able to make it.

Preguntas

1.   ¿Quiénes de la familia de Ramón estaban en el negocio de la recolección de basura?

1.   Nadie

2.   Solo su abuelo

3.   Solo su tío

4.   Solo su padre

5.   Su abuelo, su tío y su padre.

2.   ¿Dónde estudiaba Ramón?

1.   En la facultad de psicología

2.   En la facultad de derecho

3.   En la facultad de biología

4.   En la facultad de ciencias ambientales

5.   En la facultad de ingeniería

3.   ¿Qué planes tenia Ramón para su primer sueldo?

1.   Gastarlo en un auto

2.   Gastarlo en el casino

3.   Gastarlo en ropa nueva

4.   Ayudar con la construcción de una nueva casa

5.   Ayudar con la despensa y las facturas de la electricidad

4. ¿Qué hizo Ramón durante su primera semana de trabajo?

1. Apagó incendios

2. Reparó electrodomésticos

3. Siguió el camión de la basura mientras recolectaba bolsas

4. Trabajó como enfermero en una clínica

5. Era camarero en un bar

5. ¿Cómo describió Tadeo el mundo laboral?

1. "Como navegar en un vasto océano."

2. "Una lucha constante por subir una colina"

3. "Un viaje sin retorno"

4. "El fin de tus penurias

5. "El camino a la gloria

Respuesta

1) 5

2) 1

3) 5

4) 3

5) 2

El Descubrimiento de Facundo

Facundo lo veía como su obra maestra. La razón por la cual estudió periodismo al punto de conseguir un trabajo de reportero en el prestigioso periódico "El Cornete", después de sorprender a los reclutadores durante una entrevista de trabajo donde le enseño todos los reportajes que hizo durante sus años en la universidad.

En cambio, su jefe lo veía como una bomba de tiempo, lista para acabar con la carrera del prodigio.

La nota en cuestión hablaba sobre los posibles tratos sucios que sucedieron detrás de escenas durante la venta y compra de la empresa Energet, proveedora de un 80% de los servicios enérgicos del país. Su comprador era más ni menos que Osvaldo Ramírez, el jefe de la compañía de ferrocarriles Sevilla, que había triplicado su fortuna al hacerse pública su nueva adquisición. La dueña anterior de Energet, Irina Neruda, había salido del país en cuanto se hizo oficial la transferencia y los reportes indicaban que en realidad fue forzada, por mano del gobierno, a concretar la venta.

—No podemos publicar esto. Nuestras cabezas van a rodar antes de que llegue a la imprenta y a nuestro sitio web. —Dijo Pedro, el editor de Facundo, después de ver la nota que su reportero más joven había dejado sobre su escritorio.

—El pueblo tiene que saberlo. Se avecinan enormes subidas en las tarifas de la luz. Necesitan saber que se debe a esta transacción que ocurrió debajo de la mesa.

—También se avecinan las elecciones. Y aquí pones al mismísimo vicepresidente, Walter Polan, como uno de los nombres claves en la venta de Energet. Solo vamos a poner un blanco sobre nuestra espalda si publicamos esto.

—Osvaldo Ramírez es el cuñado de Polan. Eso no puede quedarse en la oscuridad.

Pedro cerró la puerta de su oficina, asegurándose de que nadie interfiriera con lo que estaba pasando allí dentro. Después se acercó con calma al muchacho, mientras gotas de sudor bajaban de su amplia papada.

— ¿Entiendes que podríamos perder nuestros empleos por esto, no es así? Estamos poniendo nuestros cuellos en juego. ¿Tienes alguien que dependa de ti? Porque yo tengo bocas que alimentar.

—Tengo un hijo en camino.

Pedro buscó en su escritorio un encendedor y un cigarrillo, pero enseguida los tiro a la basura porque se había prometido dejar de fumar y ya llevaba una semana combatiendo el ansia de nicotina.

—Un bebé. ¡Un bebé! Estas por tener un bebé y aun así quieres arriesgar tu empleo. ¿Sabes lo que sucede con tu reputación después de iniciar un escándalo así? O sube o se va bien para abajo. Al punto en el que nadie te va a contratar en este ámbito.

Facundo se quedó mirando por la ventana, centrándose en un grupo de pájaros que pasaban volando en una formación V.

—Me enseñaron que la libertad de expresión es la herramienta más importante que tiene el pueblo. Y que debe usarse si es necesaria para castigar a los malvados.

—Hablas como si estuvieras en una película. —respondió Pedro. Aun así entendía el punto de vista de su subordinado. —Tómate el día libre. Ven a verme mañana si sigues decidido a darle luz verde a esta nota.

—Tranquilamente podría decirme que no y tirar el informe a la basura. —Comentó Facundo, debido a que usualmente su jefe no le daba ese tipo de opciones.

—Puedo y quiero pero por esta ocasión, y solo por esta ocasión, la elección la tendrás tú.

Pedro sacó una goma de mascar de su bolsillo y la mastico con enormes ansias, era obvio el estrés que se cernía sobre sus hombros. Facundo notaba en sus ojos, cansados y atareados, que deseaba olvidarse de todo el asunto. Sin añadir más nada, el reportero recogió su informe, lo puso bajo su brazo y se dio la vuelta para caminar hasta la puerta.

—Una última cosa…—Añadió Pedro. —Entiendes que las consecuencias podrían ser mayores, más allá de un posible despido, ¿Verdad? Quiero que pienses en eso. Te lo digo porque me caes bien y no quiero que te suceda nada. Pero mi protección tiene un límite.

Las palabras de Pedro hicieron eco en la mente de Facundo mucho después de haberse ido del trabajo. Ahora caminaba por la calle viendo sobre sus hombros, temiendo que alguna sombra pudiera salir de cualquier esquina para callarlo. Por fin estaba tomando en cuenta que sus acciones podrían poner en riesgo a la mujer que amaba y al bebé que estaban por tener juntos.

No resistía más y decidió llamar a un taxi en vez de irse caminando a casa. El chofer lo dejó frente al número 21 de la calle Zamora y Facundo entro deprisa en su pequeño pero acogedor hogar. Una vez adentro, lo primero que hizo fue asegurarse de que su mujer, Tara, estuviera bien. La encontró en la cocina, todavía con un prominente vientre que albergaba al fruto de su amor.

—Hola… ¿Estas bien?—preguntó ella al reconocer enseguida que algo le sucedía a su marido.

—No lo sé. Quizás tire todo esto a la basura. Es demasiado peligroso. —respondió Facundo, indicando el informe que le había costado meses completar.

— ¿Recuerdas por qué quisiste ser periodista? Me lo contaste una vez. —Dijo Tara, mientras pelaba una mandarina.

—Por mi abuelo. También fue reportero. Uno de los grandes.

—A él lo desaparecieron durante una época muy horrenda, lo sé. Pero estoy segura que sabía el riesgo que conllevaba su vocación. ¿Qué crees que haría él en un momento así?

—Seguiría adelante, ya que el pueblo tiene que saber.

— ¿Y tú? ¿Piensas seguir adelante?

Esa noche, Facundo reviso unas cajas viejas en el armario y se encontró con los álbumes de recortes que su abuela le había regalado poco antes de morir de vejez. En esas páginas se encontraban los reportajes hechos por su abuelo, como cuando visito Brasil para adentrarse en el Amazonas y poder entrevistar al jefe de una tribu nómada sobre su estilo de vida.

Ese fue el momento donde tomó una decisión.

Fin de la Historia

Resumen

Facundo es un reportero trabajando para el periódico El Cornete. Su más reciente reportaje alteró a su editor, Pedro, ya que Facundo había desenterrado información sobre una venta de una de las compañías claves para el país y todo indicaba que podría haber sido de fraudulenta. Pedro le advierte que publicar algo así podría traer consecuencias. Y al final decide darle a él la elección de si publican la controversial nota o queda en el olvido. Facundo, asustado por lo que podría pasar, regresa a casa y después de una larga charla con su esposa, decida seguir adelante con la publicación.

Summary

Facundo is a reporter working for the newspaper El Cornete. His most recent report upset his editor, Pedro, as Facundo had unearthed information about a sale of one of the country's key companies and all indications were that it might have been fraudulent. Pedro warns him that publishing something like this could have consequences. And in the end, he decides to give him the choice of whether to publish the controversial story or leave it in oblivion. Facundo, scared of what could happen, returns home and after a long talk with his wife, decides to go ahead with the publication.

Preguntas

1. ¿Quién era el jefe de Ferrocarriles Sevilla?

1. Osvaldo Ramsés

2. Osvaldo Ramírez

3. Casimiro Ramírez

4. Luciano Ramírez

5. Casimiro Ramsés

2. ¿Cómo se llamada el editor de Facundo?

1. Larry

2. Pedro

3. Iván

4. Miguel

5. Luis

3. ¿Dónde vivía Facundo?

1. 27 de la calle Lamora

2. 29 de la calle Zonora

3. 25 de la calle Cotorra

4. 27 de la calle Zamora

5. 21 de la calle Zamora

4. ¿Qué noticia estaba siguiendo Facundo?

1. La venta de Energet

2. La destrucción de Energet

3. La fundación de Energet

4. La caída de Energet

5. El auge de Energe

5. ¿Quién entrevisto el abuelo de Facundo?

1. Al presidente de Brasil

2. Al vicepresidente de Brasil

3. Al comandante de un ejercito

4. Al jefe de una tribu nómada

5. Al gerente del hotel

Respuestas

1) 2

2) 2

3) 5

4) 1

5) 4

<u>NOTES</u>

About the Author

Acquire a Lot is an organization dedicated to teaching languages effectively, based on an innovative method developed by teachers of the organization, called LRPR, that has the following fundamental pillars to ensure you can acquire the language naturally:

- Listen to stories
- Read stories
- Play games to solidify what you have learned
- Repeat

Acquire a Lot's mission is to encourage language acquisition instead of the traditional method. With the LRPR method, there are no grammar lessons, there are no corrections, and everything is acquired naturally, in the same way a child develops his/her first language.

A special request:

Help us reach more people, don't forget to tag us on social media(@acquirealot), and **most importantly**, your brief review could really help us, please look in your recent orders for this book and leave your comments. ¡Gracias amigos!

Your support really does make a difference, we will read all the reviews one by one.

Don't hesitate to contact us if you need anything!

sergio@acquirealot.com

Thank you very much!

Books In This Series

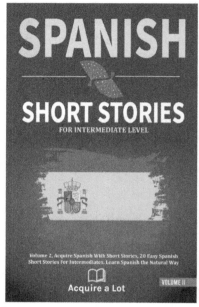

available at
amazon

Books By This Author

Made in the USA
Middletown, DE
23 December 2023

46737484R00080